KB275821

화가가
화가를 찾아
길을
떠나다

# 화가가
# 화가를 찾아
# 길을
# 떠나다

김향금 지음



Bmk
magazine&publishing

일러두기

- 이 책에 실린 도판 중 작가의 생전에 제목이 붙여지지 않았던 작품은
  지은이가 붙여서 정리했음을 밝힙니다.
- 도판의 크기는 가로(cm)×세로(cm)로 표시되었습니다.

아직 무명으로 남아 있음과
영원한 무명임을 두려워하지 않는
진정한 예술가들에게 바친다.

## 무명의 씨앗들이 꽃이 되길 바라며……

세상의 수많은 인연들 속에서 시작된 작은 만남 하나가 큰 물줄기를 만들 수 있다는 것이 새삼 놀랍다. 꽃잎이 눈발처럼 세상을 뒤덮던 어느 봄날 나를 찾아온 그는 오랜 시간 내 곁에 머물렀다. 화가 정관훈, 얼굴 한 번 본 적 없던 그를 바라보고 찾아가는 시간 동안 같은 일을 하고 있는 동반자로서 희망, 절망, 애련함, 희열 등을 함께 느끼며 나는 그에게 빠져들어갔다.

화가가 화가를 바라보며 느낄 수 있는 '사유의 영역'은 남다르다. 어쩌면 태생적인 절박함을 안고 온 인생을 바쳐 불꽃 같은 열정을 태워야 할 삶들이기에 그들의 삶은 아름다운지 모른다. 그를 떠나보내며 허망함을 가슴에 안은 이들은 그를 보내지도, 놓지도 못하며 내게 그를 만나달라는 부탁을 해왔다.

무언가를 향하여 옆도 살피지 않고 한 길만을 가다 순간에 운명을 달리한 그의 삶은 미완이었다. 하긴, 예술은 미완이라 하지 않는가. 그의 삶은 수많은 작품들과 함께 어수선하게 놓여 있었다. 화가를 완성시키는 작업은 그의 예술과 삶을 정리하는 일이 아닐까 한다. 그러나 그의 혼돈된 열정을 글이나 말로써 정리한다는 것이 의무 아닌 의무처럼 느껴져 한참을 그를 바라보는 일밖에는 하지 못했다.

그러다 문득 화가인 내가 그에게 들어갈 수 있는 가장 자연스러운 방법을 찾게 되었다. 화가가 화가를 찾아가는 여정, 무명임을 두려워하지 않고 현실의 동아줄을 놓으면서도 날개짓을 하고 있는 화가들의 삶을 통해 정관훈을 들여다보기로 했다. 같은 일을 하고 있다는 이유만으로 나는 정관훈이었고 정관훈은 우리였다. 그 누구도 거역할 수 없는 우리의 삶 속에는 정관훈이 있었고 정관훈의 삶 속에는 내가 있었다.

새는 영혼을 상징하기도 한다. 자신의 그림 속 날개처럼 정관훈은 '날개'를 가지고 싶어했다. 자신이 가지고 있는 절실함에 대한 비상을 꿈꾸며 그는 자유로워지고 싶어했던 것이다. 그러나 생각해 보면 화가에게는 날개가 필요한 것이 아니라, 날개가 무엇인지를 사유하며 그것을 마음으로 향유할 예술의 세계를 향한 자세가 중요한 것 아닌가 싶다.

정관훈의 삶은 그림 자체였다. 그림 이상도 아니었고 그림 이하도 아니었다. 그의 삶은 평범했다 말할 수 있을지 몰라도 그의 예술은 결코 평범하지 않았다. 그는 한시도 삶의 긴장을 놓지 않았으며 팔색조가 되어서라도 자신과 예술을 극복하려 몸부림쳤다. 그런 그의 모습을 기억하는 사람들이 있다. 그들은 정관훈의 예술이 사람들에게 잊힐 것을 염려하였다. 그를 그리워하며 가슴에 묻어둔 지인들의 노력이 무명의 씨앗을 꽃 피우게 하는 밑거름이 될 수 있으리라 믿는다.

많은 무명의 작가들이 모두 자기 확신을 향한 길에 열정을 바치며 살아가고 있다. 예술의 삶이 '미완의 여정'이기에 그들이 행여 날개를 가지고 있지 않더라도 그들이 가지는 삶의 자세를 아름다운 몸짓으로 받아들이며 그들의 여정과 함께 할 수 있는 성숙한 마음들이 있다면 그것이 창작을 통한 영혼의 교감 아닐까 한다.

아직은 무명으로 남아 있음과 영원한 무명임을 두려워하지 않는 그들에게 우리가 하는 부족한 작은 실천들이 명분 하나가 되었으면 한다. 또한 예술을 한답시고 삶에 있어서는 무뢰한이 되기도 하는 그들 옆에서 인내를 가지고 지켜봐주는 이들에게 진심으로 감사한 마음을 가져본다.

2010년 겨울

김향금

## 제3부 길고 길어 끝이 없네

# 제1부 우연한 만남

하루 종일 비가 내렸고
저녁에는 풀벌레 소리가
예쁘다.
세상에 하나밖에 없는
그림을 그려야지…
―관훈

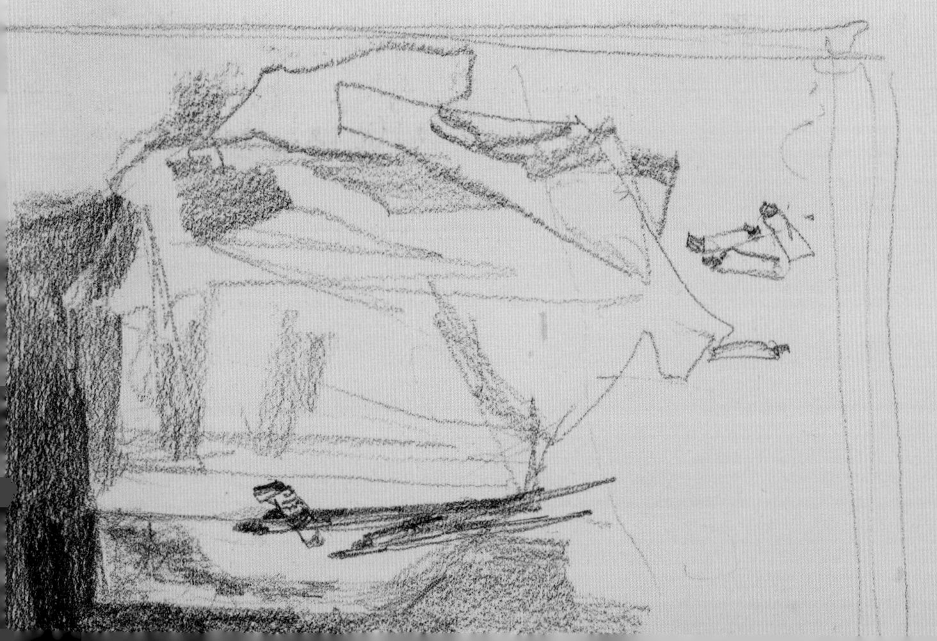

# 화랑 가는 길

화랑 가는 길.

오늘은 비가 내린다.

벚꽃이 만개하지 않아서인지 비에도 떨어지지 않는다. 아직 봉우리에 지나지 않는 벚꽃은 대지를 촉촉이 적시고 있는 비와 어우러져 꽃망울의 청초함으로 마냥 수줍다. 그런 여린 꽃망울이 활짝 핀 봄날의 꽃보다 더 아름답다.

그는 어떤 사람일까? 그 역시도 만개하지 않은 청초한 의연함을 가지고 있었을까? 봉산동 화랑에서 상자에 담긴 그의 자료를 받아오며 아직은 내가 찾아가야 할 먼 길인 그를 아련히 그려본다.

# 길을 찾아 떠나다

정관훈의 고향집에 들렀다. 그의 다른 표현들이 궁금했고 그의 모든 작품들이 보고 싶었다. 그래서 급히 잡은 일정으로 예천으로 달려갔다. 담벼락 한켠에 개나리가 흐드러지게 피어 있었다. 생명 있는 모든 것이 경이로워 보이는 봄이었다. 어머니는 쑥을 한 웅큼 쥐고 계셨다. "쑥이 몸에 참 좋다 하지요?" 반가이 맞아주시는 어머니의 웃음이 환했다.

모처럼 아들 때문에 찾아온 손님에게 너스레를 떠시는 노모 마음에 손님이, 없는 자식 맞는 마음과 같지 않을까 하는 생각에 기나긴 이야기가 길지 않았다. 방 한쪽을 아들의 그림이 장식하고 있었다. 삼베와 악기가 묘한 조화를 이루고 있는 그림. 그러나 이야기를 듣는 중에도 마음은 아들의 작품을 정리해놓았다는 방에 이미 가 있었다. 화가는 그림으로 말한다는 영원한 진리처럼 그의 작품에서 느껴지는 의식이나 감성을 먼저 보고 싶은 마음 때문이었다.

그림이 꽤 많아서 아침 일찍 잡은 일정에도 다 보지 못했다. 돌아오는 길에 정관훈의 고향집 주변을 둘러보았다. 이른 봄이라 아직은 초록이 성글고 물 오른 나뭇가지가 제 몸 그대로를 드러내고 있었다. 숲이 무성하지 않아 언덕이며 길이며 산들이 그대로 드러나 있는 풍경이었다. 그의 그림 속 선이 여기서 왔구나 하며 그 자연의 선들을 바라보았다.

2000년 무렵 성당동의 작업실에서 그린 길 시리즈는 저채도의 그러나 조금은 몽환적인 따뜻한 회색 톤으로 그려졌다. 그 색채에서 오는 느낌은 무언가에 회귀하고픈 인간의 내면을 자극한다.

그는 그림을 그리면서 나무를 상징으로 많이 이용했다. 잎이 없는 나무는 때로는 처연해 보이기도 외로워 보이기도 하지만 결국은 생명을 피울 기운을 품고 있기에 어찌 보면 좀 더 근원적인 상징이 될 수도 있다. 그것은 박수근이 그렸던 나목의 간결성이 향토색 짙은 고향의 서정을 상징적으로 담아낼 수 있었던 힘과 같다.

어스름해지는 기운에 이왕에 좀 더 있다가 달마저 보고 갔으면 하는 마음이었지만 함께 한 일정들이 바빠 아쉬움을 뒤로 한 채 차가 제 갈 길을 가는데, 멀리 굽어진 숲길을 돌아서 보이는 정관훈의 고향은 영락없는 그의 그림 속 그곳이다.

'예천'이란 고향을 꼭 빼닮은 그의 그림은 막연한 그리움의 서정을 담고 있다. 일찍이 부모와 떨어져 자란 그는 유년에 대한 아련한 기억으로 고향의 서정을 자신이 회귀하고픈 세계에 대한 막연한 마음마냥 담아냈다. 달을 품어 아름다운 고향집을 내면의 본질을 찾아 가기 위한 붓질처럼 그려갔던 것이다. 길을 향하는 등진 모습들은 채워지지 않았고 채워질 수 없었던 고향과 가족을 향한 그리

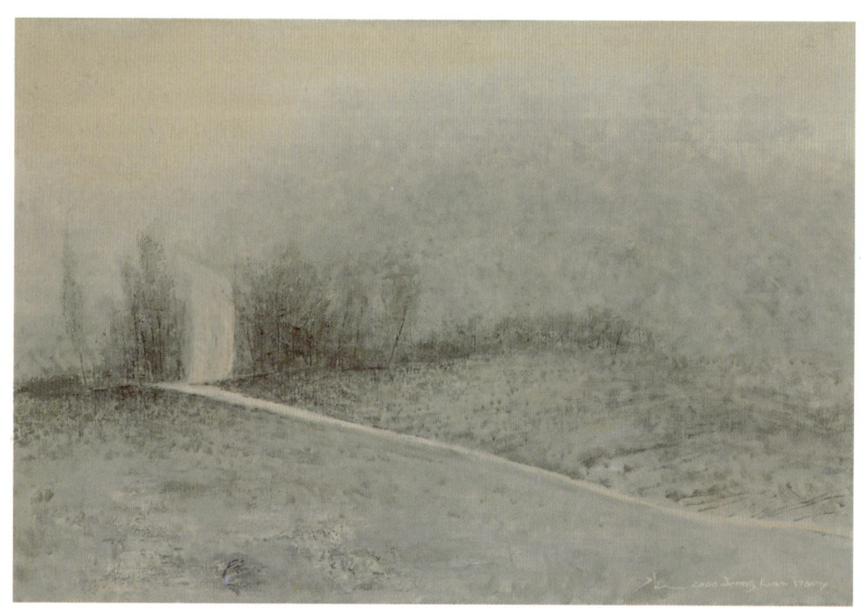

**길** 91.5×61.0cm 캔버스에 유채 2000

그는 2000년 무렵부터 길을 소재로 한 작업들을 많이 했다.
낭만적이면서도 적당히 몽환적인, 여리디 여린 감성으로 자신만의
향수에 빠져 있는 듯한, 어머니 젖가슴과도 같은 부드러운 회색조는
그가 근원적으로 갈망하는, 그리고 싶었던 작업들이 이런 것이 아니었을까
하는 생각이 들게 한다. 그런 느낌 때문이었는지 사람들은
길 시리즈가 그를 가장 닮은 그림이었다 회상한다.

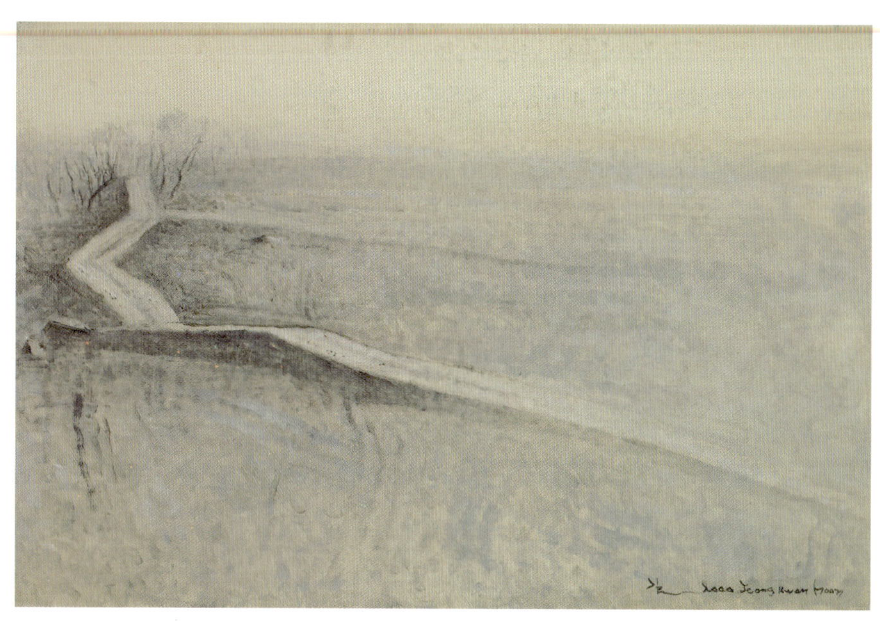

**길**  91.5×61.0cm  캔버스에 유채  2000

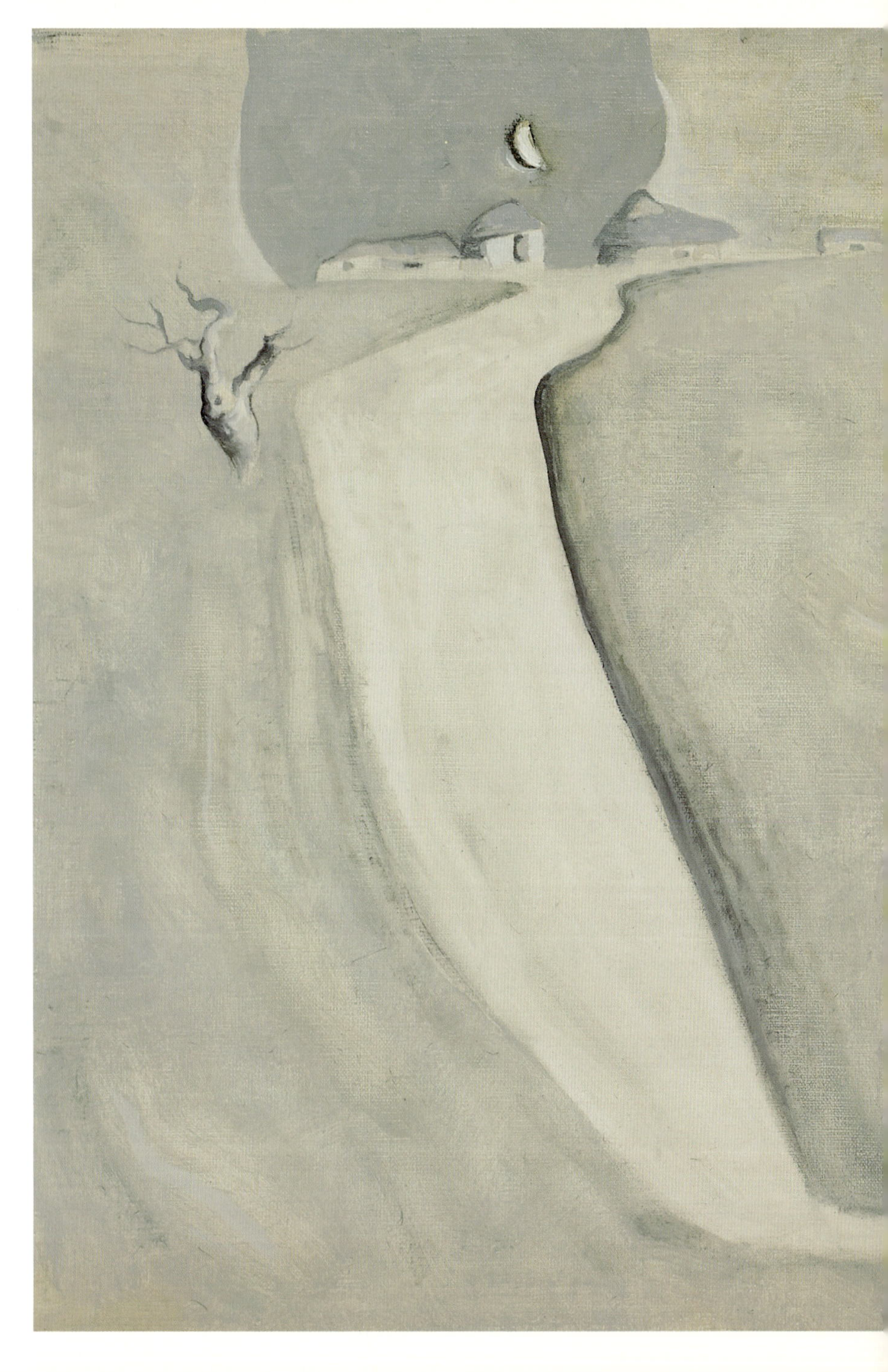

**길** 65.2 x 50.0cm 캔버스에 유채 2000

움이자 아련한 자신의 근원을 찾는 나그네의 모습이다.

그의 '길'을 보면서 상념에 잠긴다. 시간이 흐르고 나면 어떤 순간의 절망마저 가장 소중한 행복의 단편이 되기도 한다. 그러나 그 시간의 흐름이 언제나 나와 함께 가지 못한다는 것을 알기에 나는 그곳으로 가고 싶다. 그가 등진 이곳을 떠나 그 길을 걷고 싶다. 아련한 꿈으로만 다가오는 그곳에 무릉도원(武陵桃源)이 있을지도 모르지 않는가.

# 뿌리 깊은 나부

정관훈의 고향집. 자그마한 앞마당에 방이 두 개, 주방이 하나 딸린 작은 집이다. 아래로 축대가 있어 집은 높고 마당에 햇살이 가득 들어왔다. 그곳에 그의 어머니가 살고 계셨다. 그리고 그의 분신들도 그곳에 함께 있었다. 그의 그림 속 작은집과 같은 고향집은 여유롭지 못했던 우리 삶 속의 작은 행복의 기억들을 안고 있는 듯했다. 그곳에는 슬픔의 기억들도 지나간 시간에 묻혀 일상으로 돌아와 있는 것만 같은 어떤 존재감이 있었다. 민초들의 삶과 같은 찡한 설움을 머금은 누구에게나 남아 있을 법한 유년의 기억들. 그 채워지지 않는 가난 속에서도 풍요가 느껴지는 것은 그곳에 가족이 있기 때문일 것이다. 가난한 시대의 풍요여! 누구나 가난했던 시절. 그러나 그곳에는 사랑이 있었다. 미처 돌보지 않아도 살아남는 척박한 사랑들이.

거실 겸 안방으로 쓰고 있는 방을 지나 작은 방에는 그의 작품들이 짜놓은 앵글에 천장 가득히 꽂혀 있었고 오백호가 넘는 대형 작품은 천장에 매달려 있었다. 곁에 놓인 그의 화구들은 마치 방금 작업을 하다 나간 흔적들처럼 그곳에 주인과 함께 있는 듯했다. 부

호수 옆에 나무 한 그루가 있다. 달빛의 느낌을 머금은 간결하고
섬세한 표현들에서 그만의 서정을 느낄 수 있다.

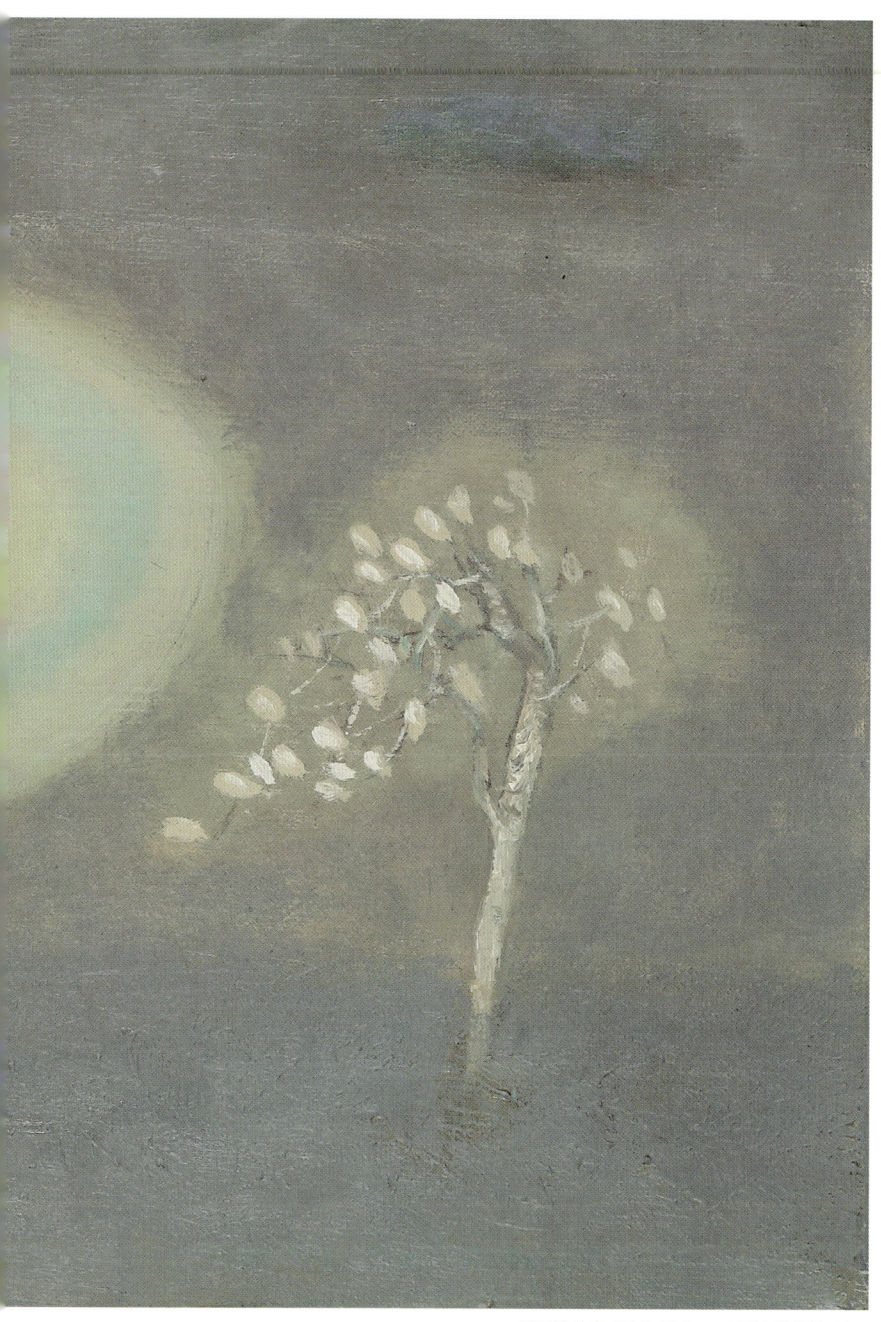

**나무와 호수**  33.0×24.0cm  캔버스에 유채  1993

모에게 그는 결코 죽은 자식이 아니었다. 방 하나에 가득 차 있는 그의 작품들과 화구들은 고스란히 그였고 그들의 자식이었다. 천오 백여 점이 넘는 작품들을 하나하나 들여다보고 정리해놓으며 생각 했다. 이분들의 마음은 어떠했을까. 자식의 분신과도 같은 작품들 을 어찌 대했을까 생각하니 가슴이 뭉클해졌다. 자식을 먼저 보낸 아픔에 몸서리쳤을 것을 생각하니 가슴이 시려왔다.

작품의 양은 엄청났다. 동원화랑 대표, 그림을 그리는 정관훈 의 친구 두 명과 나의 친구, 그리고 정관훈의 아내까지 여섯 명이 조를 짜서 작품들을 풀고 들여다보고 다시 포장하는 일을 온종일 쉬지 않고 하여도 시간은 턱없이 모자랐다. 그러면서 놀란 것은 첫 째가 엄청난 작업의 양이었고, 둘째가 이 많은 작품들을 정리해놓 은 솜씨와 정성이었다.

정관훈의 작품들을 하나하나 풀어가며 보는 데에는 긴장된 재 미가 있었다. 어떻게 이렇게 많은 작업과 다양한 표현들을 하였을 까. 그러면서도 수작이 눈에 들어오면 어떤 기쁨과 흥분이 느껴지 기도 했다. 특히 사인도 되어 있지 않은 작은 소품들이 가슴에 잔잔 한 감동을 주었다.

작업을 하면서도 가지고 싶은 그림들. 대형작품의 이미지와 다 르게 따뜻한 정서가 흐르는 그의 소품들은 아무런 욕심도, 요구도 하지 않는 그 자신의 본질이 아닐까 하는 생각이 들기도 했다. 대형 작품에서 오는 당당함이나 카리스마는 없었지만 그 크기가 주는 느낌처럼 삶을 포용하고 그에 순응하고 있다는 생각을 하게 하는 소품들. 그저 무심의 경지처럼, 그저 들꽃과도 같은 자연스러움으로 빛을 발하며 존재하는 작은 생명들 같은 작품. 그 작은 그림들에는 분명히 정관훈이 있었다. 이 느낌들이 맞길 바라며 나는 그의 작품들에 빠져들어갔다.

아버지는 그의 뿌리와도 같은 분이셨다. 아버지 역시도 그림에 재능이 있었고 그림을 좋아했지만 가족의 생계를 위해서 그 길을 갈 수가 없었다. 아버지는 처음에 아들이 그림 그리는 것을 생활에 대한 막막함으로 거부하고 반대하셨다. 그러나 이내 자신의 꿈을 자식과 함께하게 된다. 그랬던 자식의 죽음 앞에 선 아버지에게 아들의 작품들은 어떤 의미였을까. 그 고통들을 삭이고 삶으로 받아들이기에 아버지는 운명 앞에 선 나약한 존재에 불과했으리라. 술을 마시지 않고는 그 아픔을 받아들일 수 없었을 것이다. 그렇게 힘들어하면서도 그는 자식의 분신들을 지키고자 했다.

세상의 인연이 하나도 허튼 것 없듯이 부모 자식으로 시작된 인연들 속에 그 자신의 뿌리가 있음에 새삼 목이 메인다. 탱크같이 막힌 공간 속에서 하루 종일 페인트 칠을 했던 아버지, 그러나 집에 돌아와서는 아이들에게 그림을 그려서 보여주며 놀아주신, 그림을 사랑한 아버지. 아버지는 물감 조제를 할 때도 손에 딱 맞는 감각으로 필요한 색감과 양을 정확히 조절해내어 주위를 놀라게 하셨다. 아버지는 언제나 자신이 다 펼치지 못한 꿈을 아들이 대신 펼치고 있음에 감사하고 대견했으리라.

　그러던 아버지가 얼마 전 세상을 떠나셨다. 자식 먼저 떠나보낸 아픔 때문이었을까? 아버지는 결국 암으로 세상을 떠나셨다. 이제 아버지는 가슴이 덜 아프실까? 그렇게 품에 끼고 애닳아하던 자식을 그곳에선 만나셨을까?

# 운명이 되어버린 사람

큰 아이가 아직 꿈이 없단다. 어릴 적 꿈나무에 '이대로'라고 써서 매단 열매를 보고 웃어야 할 일인지 아닌지 몰랐었다. 부쩍 큰 아이는 가끔씩 여행가, 요리사, 평범한 회사원을 꿈꾸지만 아직도 꿈이 명확하지 않다. 너무나 빨리 인생의 길을 선택하라는 것이 어쩌면 많이 살아왔다 여기는 어른들의 독선일지도 모른다는 생각이 든다. 그러나 지금 내가 아이에게 해줄 수 있는 말 한 마디가 있다. "살다 보면 하루도 너의 생각에서 떠날 수 없는 것과 마주하게 될 거야. 그러면 그게 너의 꿈이 되겠지."

정관훈은 하루도 붓을 놓은 적이 없다. 그는 인생의 단 한 시간도 그림을 떠나서는 살 수 없었으며 연애를 할 때도, 친구와 술을 마실 때도 그의 손은 붓을 붙잡고 있었다. 그의 꿈은 그가 선택한 것이 아니었고 그의 시작과 끝, 단지 운명이었다.

그런 그의 운명 속에는 그의 운명과 함께할 또 다른 운명이 있었다. 그녀가 그의 화실을 처음 방문했을 때 눈에 들어온 것은 줄을 맞추어 정리한 깔끔한 유화 붓들이었다. 그녀에게 그는 그렇게 깔끔한 이미지였다. 사람들은 그가 매서운 눈매를 가졌다고 했다. 그래서 그의 눈빛을 무서워하는 사람도 있었지만 그녀는 그 속에 담긴 어린아이 같은 순수함을 봤다. 그녀에게는 그의 눈이 예쁘게 보였고 웃는 그의 모습이 마냥 좋았다. 그녀는 서서히 그의 일상 속으로 들어가게 되었다. 그의 화실을 오가며 함께 그림을 그리기도 하고 그의 모델이 되어주기도 했다.

어느 날 둘은 여행을 떠나게 되었다. 네다섯 명이 떠나기로 한 스케치 여행이 계속 미루어지다가 결국 둘이서 떠나게 된 것이다. 월포에서 차를 내려 강구까지 무작정 걸었다. 걸으면서 두 사람은 별 말도 없이 사진을 찍으며 스케치를 했다. 후일 그는 강구의 험한 산골 구석구석을 네다섯 시간 이상 걸으면서도 다리 아프다 어떻다 군소리 없이 무작정 따라오는 그녀를 보고 마음을 먹었다고 했다.

어려움 모르고 자란 부잣집 외동딸이었던 그녀와 결혼에 이르기까지는 많은 반대와 시련이 있었지만 결국 그들은 서로의 운명을 나누어 가지게 된다.

연애를 할 때도 그는 작업을 하고 있었고, 그녀는 그냥 그의 곁에 있었으며 결혼식 전날까지도 그는 밤새워 작업을 하였다. 입시 학원을 운영하는 바쁜 생활 속에서도 그는 단 하루도 자신의 그림 그리는 일을 거르지 않았다. 시내에 살면서도 바깥세상에 관심이 없었고 눈을 뜨자마자 밑작업을 시작하는 것으로 하루를 시작하였다. 집안에 세 아이들이 떠들고 장난치는 소리가 가득 차도 작업을

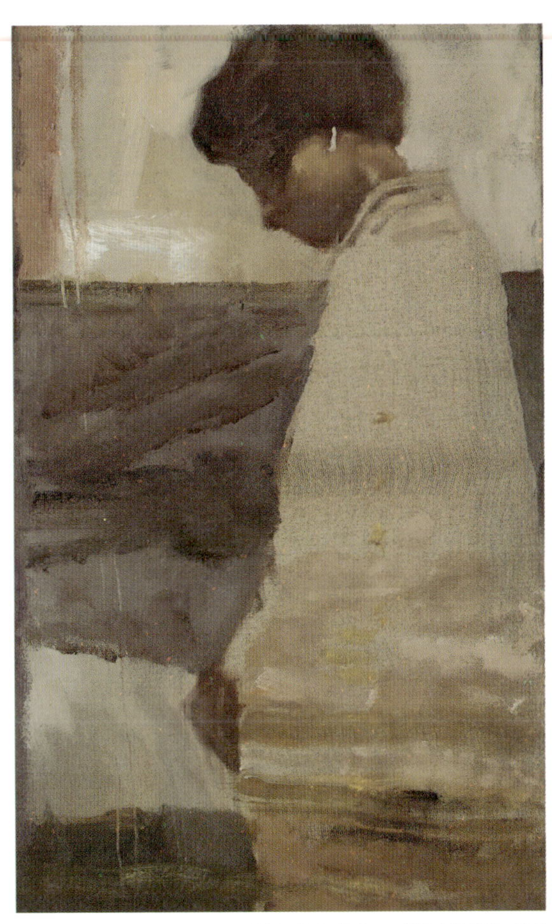

**여인**  33.3×53.0cm  캔버스에 유채  1992

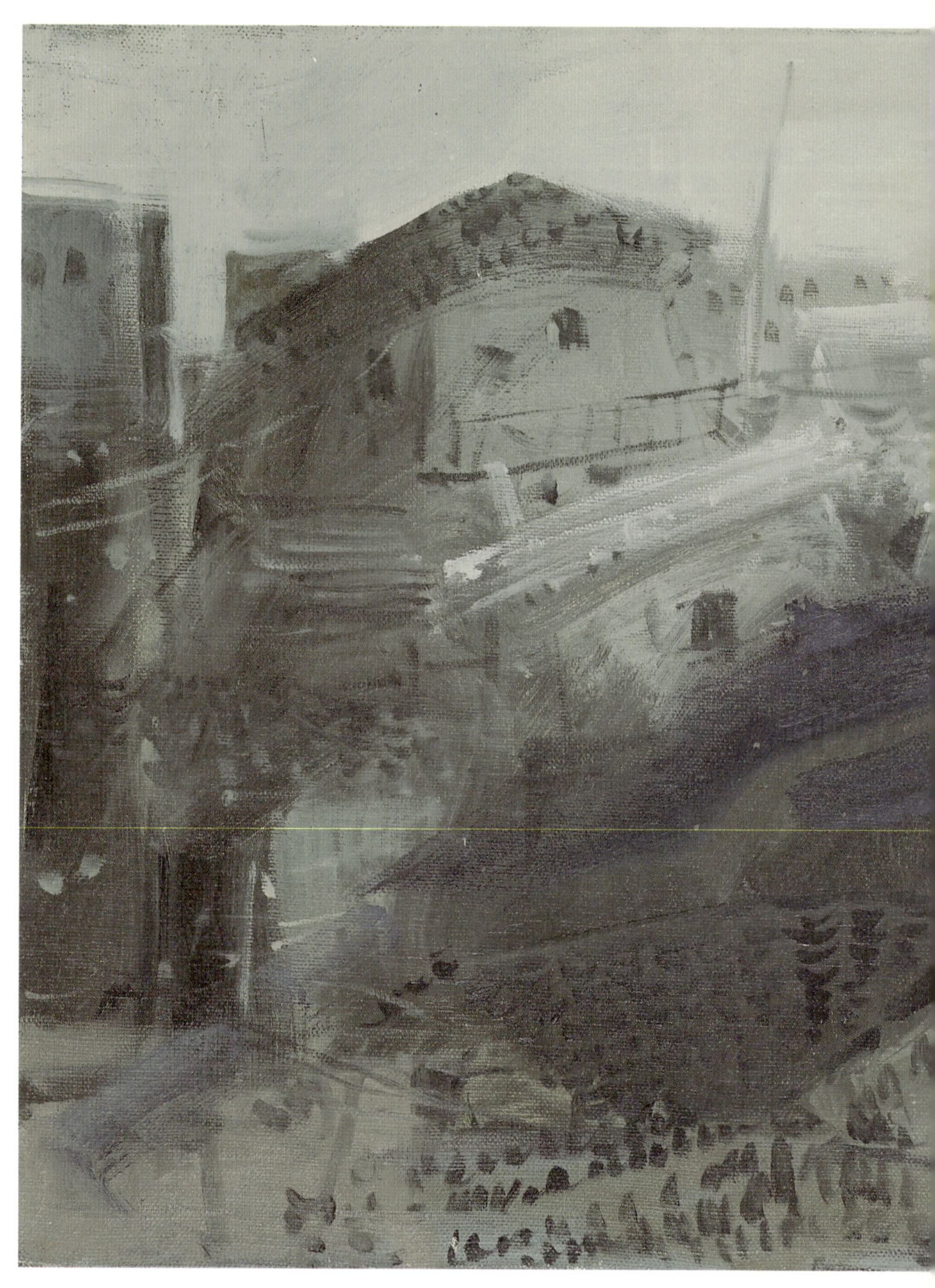

이 무렵 정관훈은 선을 그리는 것이 아니라
붓을 끌고 간다는 느낌으로 작업을 하기도 했다.

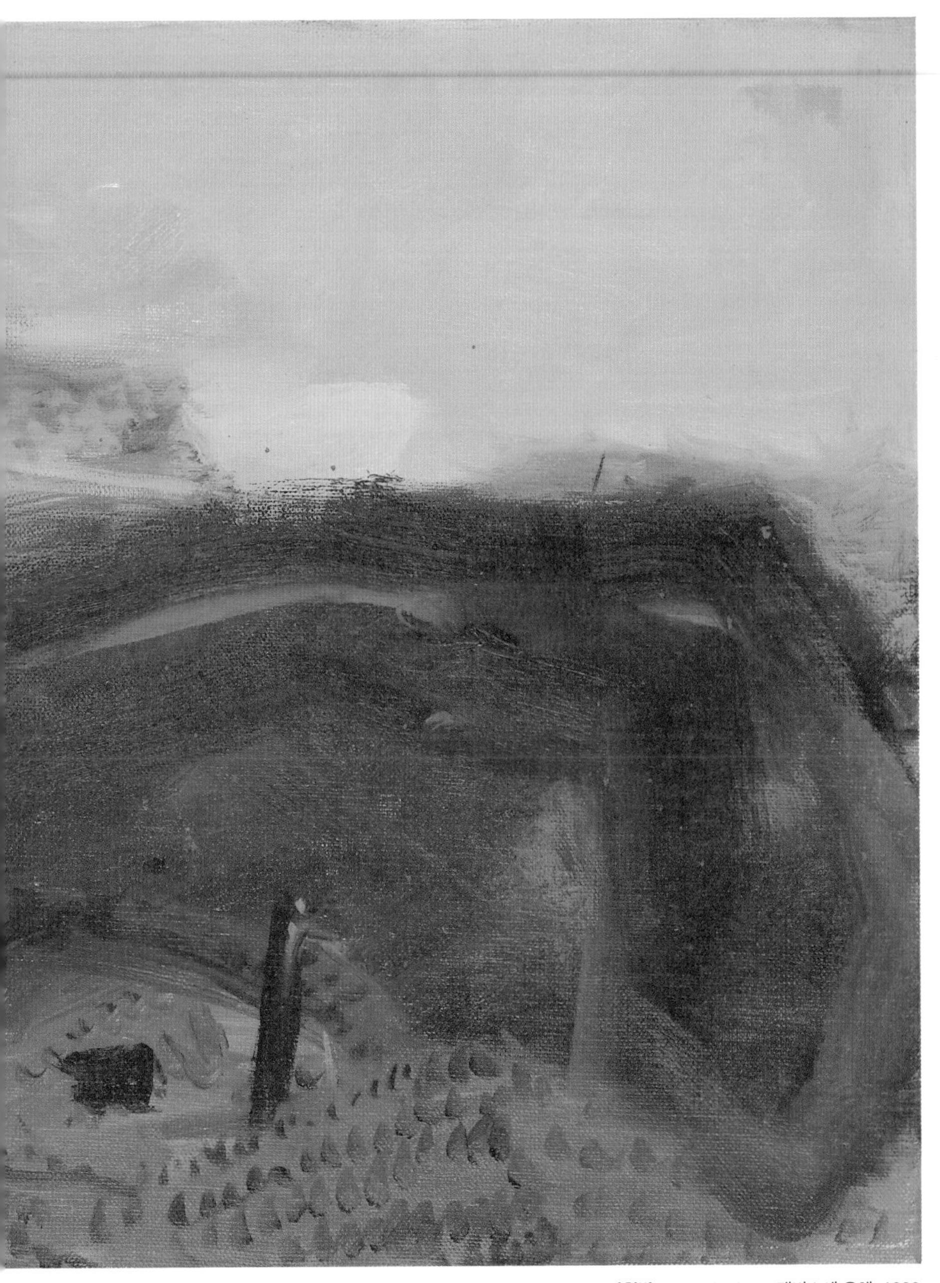

**자취방** 53.0×33.3cm 캔버스에 유채 1992

해나갔다. 그 집중력은 작업을 하면서도 다음 작품을 구상해나가고 전시를 끝내고 며칠간 잠만 자다가도 벌떡 일어나 그림을 그리곤 할 정도였다. 그런 그였기에 그녀는 그에 대한 신앙과 같은 믿음을 가지고 있었다.

그의 죽음을 전해들은 그녀는 도저히 있을 수 없는 일이라는 생각을 했다. 어떻게 이 사람이? 슬픔을 느끼기에 앞서 그의 죽음이 도무지 이해되지 않았다.

"해야 할 것이 너무 많은데 그 많은 욕심들을 놔두고 어떻게 가?" 어릴 적 지독한 개구쟁이였던 그는 구슬치기를 하면 동네구슬을 다 따야만 집에 돌아왔다. 물가에 가면 하루 종일 고기를 잡아야 했고, 공부도 전교 일등을 했다. 그처럼 그림에서도 최고가 되어야 했다. 그런 욕심을, 열정을 가지고 있었던 그는 그렇게 갔다.

그러기에 우리는 그를 보며 그 누구도 "그는 꿈을 이루지 못했다" 말할 수가 없다. 그의 꿈은 그의 시작과 끝이었기에.

# 인연

　정관훈과 나는 생전에 대면을 한 기억은 없다. 그의 작품과의 인연도 한 번뿐이었지만 그 전시를 기억하고 있었다. 그의 화가적인 기질과 대단한 고집에 대하여 들어본 바가 있어 어떤 작업들을 하고 있는지 궁금했었다. 2005년 정관훈은 잠시 귀국하여 한국에서 작업을 하게 되었다. 그 시기의 작품들은 서울에서 열린 KIAF(한국국제아트페어)에 박영덕화랑을 통하여 발표되었다. 전시를 돌아보며 조금은 기대된 마음으로 그의 작품과 마주했다. 튤립이나 화병에 담긴 꽃들을 그린 정물화였는데 그건 내가 기대했던 그림들은 아니었다. 이 작가에게 조금은 급급한 마음이 있나 보다 하며 그 상황이 남의 이야기처럼 여겨지지 않아 씁쓸한 마음이 들었다. 그것이 생전의 작품으로서의 그와의 첫 만남이자 마지막 인연이었을 것이다.

　그 후 다시 만나게 된 정관훈의 어떤 작품들은 내 안의 영혼 속에 빨려들어올 정도의 흡인력을 가지고 있었지만, 꽃이 주제가 되었던 그 때의 정물들은 그의 작업에서 볼 수 있었던 어떠한 느낌도 배어 있지 않았고 단지 화려한 장식성만을 가지고 있었다.

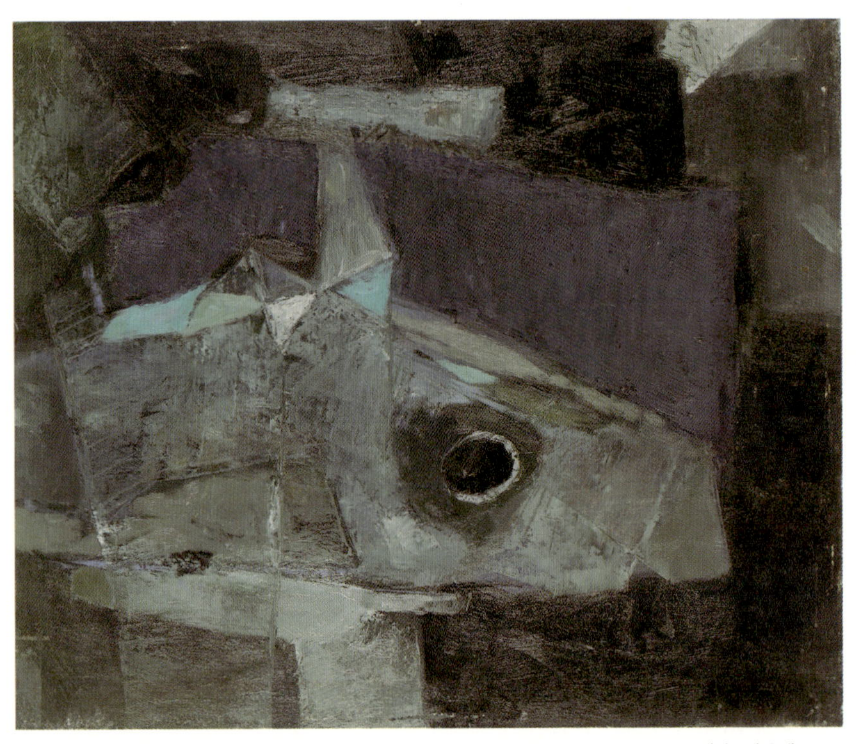

**물고기**  53.0 x 45.5cm  캔버스에 유채  1997

징관훈에게 미국생활은 걸고 반반치가 않았던 섯이다. 낯선 미국 땅이 주는 문화적 소외도 한 몫 하였을 터이지만 바로 눈앞의 생활을 하고, 안 하고의 경제적 문제는 꿈을 향한 그의 몸부림만큼 그를 절실하게 만들었다. '가난'이 절실함이라는 이름을 얻게 되면 사람을 원초적인 본능 앞에 서게 한다. 그리고 허기는 그 사람의 동물적인 본능을 드러내기 마련이다.

흔들리지 않는다는 것, 바람이 불어야 흔들림과 흔들리지 않음을 느낄 수 있다. 아무 움직임도 없는 한 치 앞도 보이지 않는 처절한 어둠 속에서 의연함을 가질 수 있는 이가 얼마나 있단 말인가. 그 고독하고 처절한 어둠 속에서 그의 조급함이나 옹핍한 본능들이 고개를 들었을 것이다. 그것을 탓할 수 있는 있는 자격이 누구에게 있단 말인가.

어쩌면 그는 자신의 본능 앞에서 솔직할 수 있었던 용기 있는 자였는지도 모른다. 살아가기 위해 사람이 본능적일 수 있다는 것은 어찌 보면 그 역시도 순수한 영역이 아닐까 한다. 살아가야 한다는 비장함에는 본능도 무색하게 만드는 정직함이 있으리라. 그것이 삶이기에 우리는 그 정직한 힘 앞에서는 아무 말도 할 수가 없다.

그에 대한 글을 써가면서 알게 된 사실은 그 역시도 그 때의 전시에 대하여 많은 후회를 했다는 것이다. 타인의 반응이 오기도 전에 그는 스스로가 현실에 쫓겨 조급한 마음으로 전시를 준비했음을 후회했고 부끄러워했다. 많은 사람들이 그 전시를 기억하고 있는 만큼 생전에 그에게 큰 오점이 된 전시회였지만 본인에게는 큰 자각이 되어 작업하는 자세를 다져주게 된 중요한 계기가 되었다.

그때 그는 알았을 것이다. 처절한 삶의 본능 앞에 선 작업은 그를 실험대에 오르게 하였고 그는 결국 그곳에 빠졌음을. 하지만 그곳에 빠지고 나서야 그는 자신이 가야 할 길을 알았을 것이다. 그리고 어둠 속에서도 바람이 분다는 사실을 그때서야 느꼈을 것이다.

현지인들은 먹지 않는 돼지 뼈를 고아 매 끼니를 때우며 작업해야 할 만큼 어려운 미국생활에서 생활의 방편이 될 수 있는 작품 판매에 신경 쓰지 않고 작업에만 몰두한다는 것이 쉽지는 않았을 것이다. 그러나 어쨌든 이 전시 이후 정관훈은 더 이상 조급해하지도 흔들리지도 않고 묵묵히 자신이 원하던 작업을 지속해나갔다.

내가 본 정관훈의 작품은 이 후의 작품들이 수작(秀作)이 많았다. 이 전시회 이후에는 그 동안 타인의 반응에 너무 민감하다 여겨졌던 다양한 작업들에서 벗어나 진지한 자신만의 작업세계에 빠져드는 진일보를 가져왔다. 이 시기 삶의 혼돈에 빠진 작업들이 없었다면 정관훈이란 화가가 평가의 도마 위에 오를 수 있었을까? 주위의 지인들이 짧게 태우고 간 그의 예술혼에 대하여 아쉬워했을까?

사회적으로 예술가가 예우를 받는다는 것은 그 사회의 문화적 수준과도 비례한다. 예술이란 무엇인가. 문화라는 것도 결국에는 개인의 행복의 척도로 작용하는 사회적 언어가 아닌가. 개인적으로 화가가 아무리 좋은 그림을, 훌륭한 그림을 그려내도 대중과 소통하지 못한다면 그것은 자기 만족에 지나지 않는다.

　작품을 사이에 두고 화가는 자신만의 조형언어로 표현하는 데 열정을 쏟아야 할 것이고 관객은 적극적인 방식으로 작품의 에너지를 흡수하려는 노력을 해야 할 것이다. 그 속에 화가에 대한 예우라는 부분이 함께하여야 진정한 소통이, 관계가 이루어질 것이다. 그것이 예술가가 살 길이고, 예술이 발전할 수 있는 길이다.

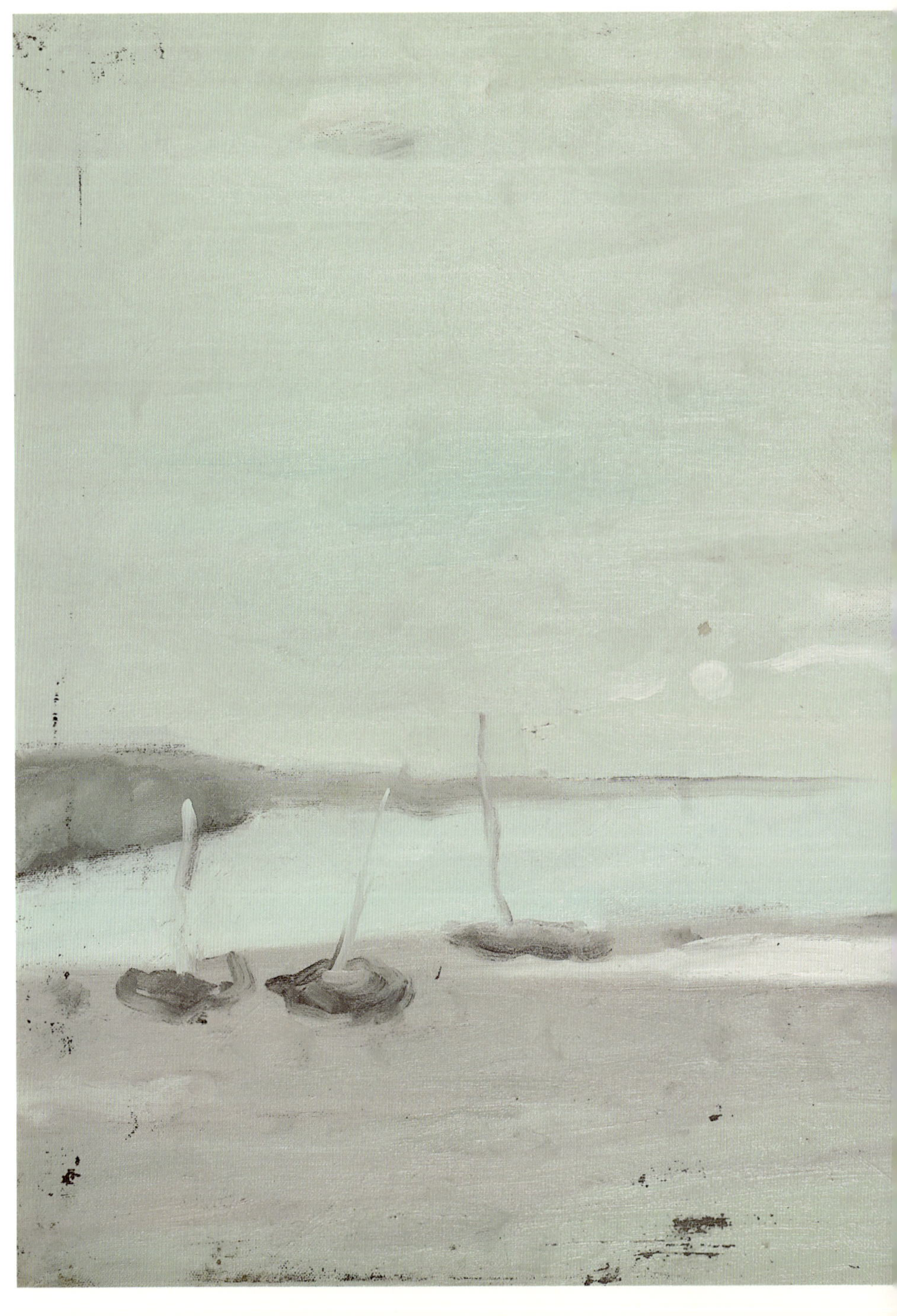

**바다**
53.0 x 45.5cm  캔버스에 유채  1992

# 날개의 내면 깊은 곳

내가 본 날개의 환영(幻影)과도 같은 그의 그림은 나의 영혼 깊숙이 고요한 울림을 주었다. 그래서 나는 조급증을 멈출 수가 없었다. 그가 누구인지 알아야 했고 그의 다른 세계 속에는 무엇이 있으며 그는 어떠한 작품들을 남기고 갔는지 알고 싶었다.

그러나 그에게 다가갈수록 나의 영혼 속 날개의 환영은 혼란스러웠다. 어떤 때는 그의 날개가 은밀하고 부드러운 미소를 보내다가도 어떤 때는 격정에 찬 날개짓을 하였다. 도대체 정관훈이라는 사람을 알 수가 없었다. 그의 날개를 보며 나는 그의 세계를 상상했고 그는 분명 이런 투명한 그림을 그릴 수 있는 사람이었을 것이라고 확신했다. 내가 보고 느낀 것이 답이리라 생각하며 나의 감각들을 철저히 믿었던 것이다. 그러나 세상이 만만치 않듯 나의 모든 감각들을 동원해서 끌어올린 그의 내면에는 좀 더 복잡한 현실의 거미줄들이 쳐져 있었다.

아는 만큼만 느낄 수 있기 때문일까? 나도 그림을 그리며 살아왔지만 내 주변에는 정관훈 같은 별난 사람이 없었다. 그는 어찌 보면 무식하리만큼 단순한 논리를 펼치는 듯하지만 가만히 들여다보

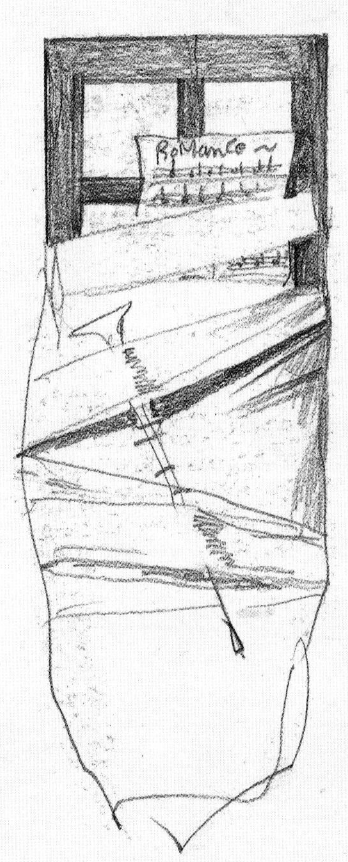
RoManCe ~

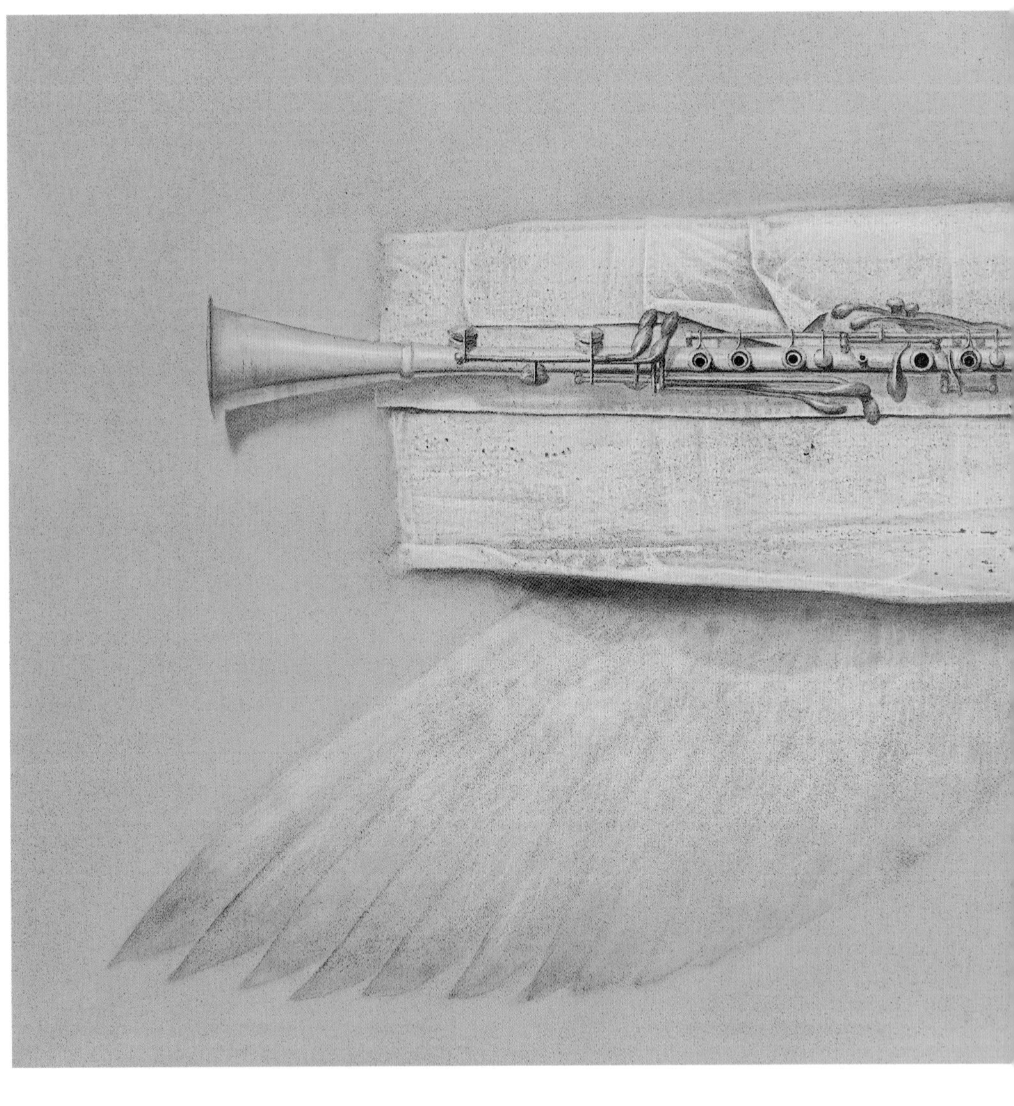

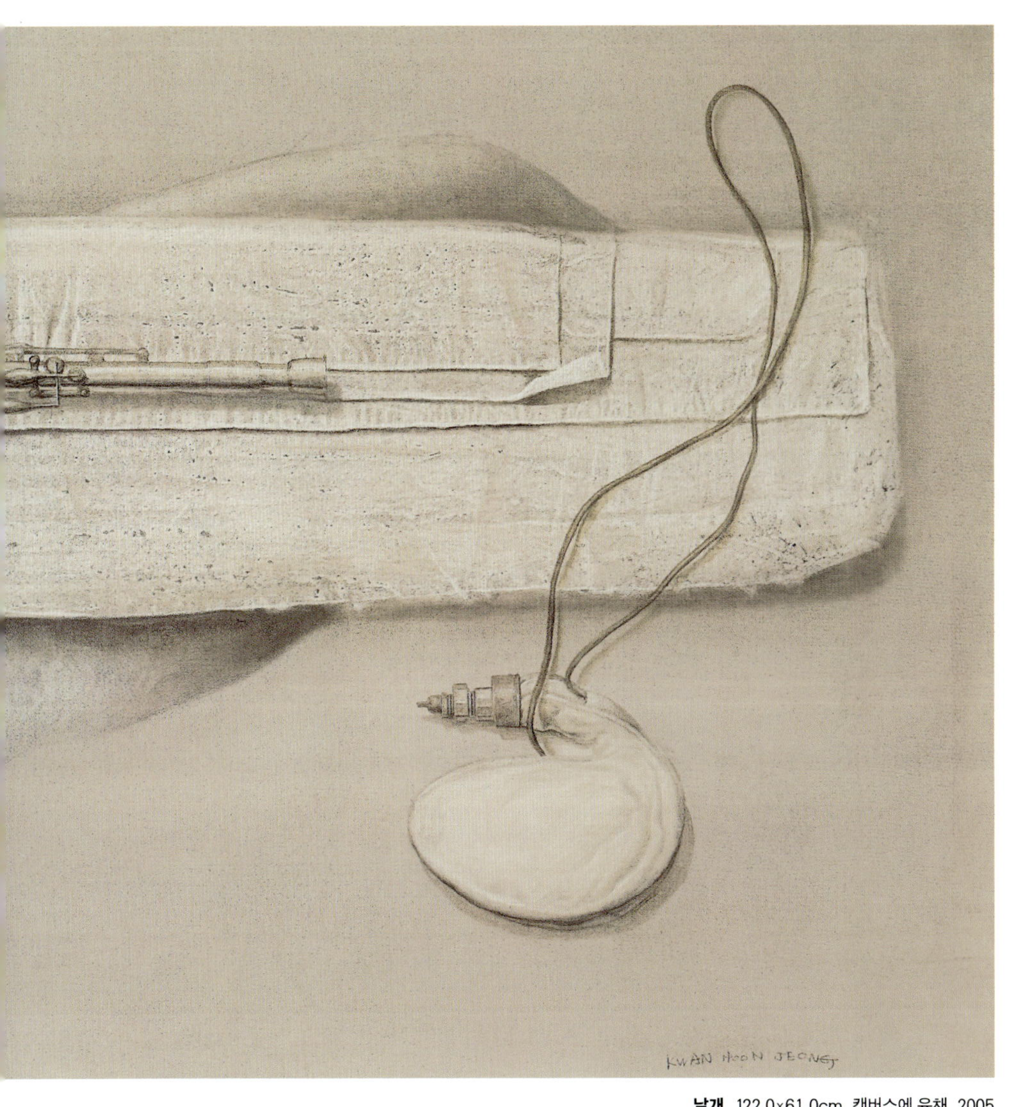

**날개** 122.0×61.0cm 캔버스에 유채 2005

면 그것들은 어느덧 섬세한 실핏줄로 연결되어 있었고, 영악하리만
큼 현실적이라 느껴지다가도 거기에는 절실한 사연이 있었으며, 어
떤 때는 주먹 세계의 보스 같은 기질을 보이다가도 그 이면에는 너
무나 인간적인 피가 흐르고 있었기에 그를 단지 막무가내라고만 할
수는 없다.

후배가 다른 사람 앞에서 말 한 마디 예의에 벗어나게 하였다
하여 그는 후배를 구두 발로 두 시간이나 밟고 두들겨 팼다. 후배는
묵묵히 맞을 수밖에 없었다. 하지만 정작 집에 돌아와보니 아픈 데
도 멍든 데도 없더란다. 그 곰 같은 덩치에 발로 밟히면 걷지도 못
해야 되는 것이 정상인데 멍 하나가 없었다. 그리고는 그날 이후부
터 후배를 챙기더란다. 이것이 정관훈이기에 나는 그를 무모하다,
막무가내다 말할 수 없다.

그러나 한 가지 분명한 것은 그가 만약 살아 있었다면 나를 가
만 두지 않았을 것이라는 사실이다. 누가 감히 그의 삶과 그림에 대
해 이야기하고 분석할 수 있단 말인가? 불 같은 그의 성격, 삶의 방
식, 작업들…… 하지만 그의 죽음이 아니었다면 내가 그에 대해 입
을 열지 않았을 것임도 분명하다. 나와 정관훈의 만남은 운명적으
로 이렇게 조금 어긋나 있다.

어떤 때는 너무나 제멋대로인 듯 보이는 그이지만 그의 삶과
그림을 좇아가면서 나는 그의 세계에 빨려들어갈 수밖에 없었다.
그에게는 자신의 삶을 끌고 갈 수 있는 의지와 확신이 있었기 때문

이다. 그 의지와 확신이야말로 진정한 그였고 그의 삶 자체였다. 그것은 그에게 주어진 짧은 삶을 장악했으며 그런 그였기에 나는 그의 길을 찾아갈 수밖에 없다.

# 제2부 아름다운 동행

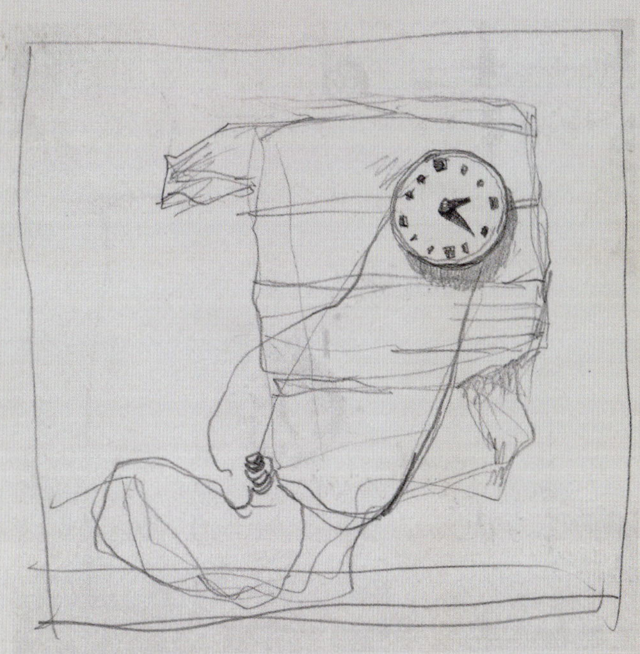

오직 한 사람이 그 길을 걷고 있다.
그것은 오직 하나의 뜻을 두고 살아가는
강인한 의지를 이야기한다.
그 길의 시작과 끝은 보이지 않고
걸어가는 그 행위 자체인 것이며
그것이 인생이다.

—관훈

# 이불 덮은 삶

정관훈의 작품 중 서명도 없고 제목도 붙여지지 않은 작품들이 많다. 정작 그는 이 작품들을 미완이라 생각했는지 모를 일이지만 나는 서명 있는 다른 작품들보다 이 미완의 작품들이 더 마음에 와 닿는다. 굳이 짧게 살다 간 그의 삶을 갖다 붙이지 않더라도 그 그림들은 충분히 스스로 존재하고 있다.

가끔씩 이런 생각이 들 때가 있다. 화가의 열정과 아픔과 배려에 의해서 탄생한 그림들은 그 화가가 아니더라도 스스로 존재하기 위해 그려진다고.

그림을 그리며 살아간다는 것. 어떻게 보면 그것은 화가에게 자아의 존재 의미이다. 하지만 그에게는 일상의 삶이 있다. 화가 이전에 세 아이를 가진 가장의 삶. 작업에 대한 끊임없는 열정과 일상의 경계 사이에서 그는 스스로를 조율하기 위해 얼마나 많은 시간을 보냈을까.

여자 셋, 우리 집
천지도 모르고 꿈속에 빠져 있는 내 가족

큰애는 여기, 작은애는 저기, 마누라는 중간에

너무 행복하게 자고 있다

작은 놈이 한바퀴 뒹군다

그저 멍하니 보고 있는 나

아내가 일어나 부옇게 나를 바라본다

아이 같다

세 명의 애가 장관이다. 행복하다

큰애 30살, 작은애 5살, 더 작은애 3살

—1998년 작업노트


셋째가 태어나기 전에 쓴 그의 글이다. 열정과 아픔과 배려가 느껴지는 시다. 나는 이 시와 커다란 달 아래 집을 그린, 서명도 없는 이 그림을 보면서 제목을 붙여주고 싶었다. '이불 덮은 삶'이라고……

화가라는 직업을 가진 사람들은 대체로 살림이 넉넉하지 못하다. 그래서 식구들마저 덩달아 고생하는 경우가 적지 않다. 그나마 가족들이 작업에 대한 이해와 호응을 하는 경우에는 가족들에게나마 예술가로 대우 받는 삶을 살겠지만, 그림 그리는 것이 죄가 되어 가족의 눈치를 보는 이도 적지 않다. 화가의 삶과 함께 가야 하는 이들은 화가만큼이나 힘든 삶을 살아가고 있는 것이다.

정관훈은 가족들을 애정 어린 시선으로 바라보고 있다. 그 시

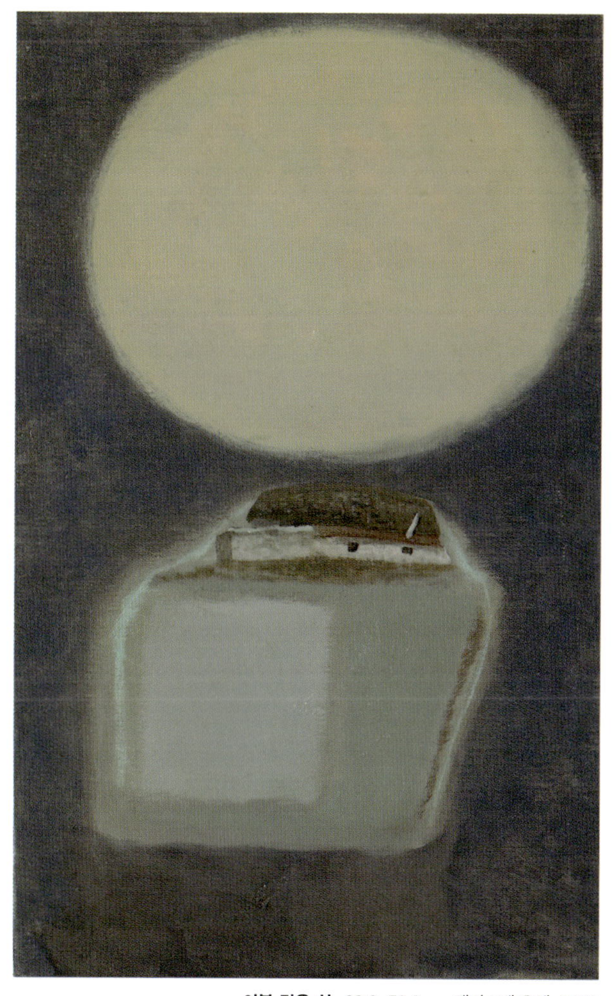

**이불 덮은 삶**  33.3×53.0cm  캔버스에 유채  1999

서명도 없고 제목도 붙어 있지 않은 그림에 필자가 제목을
붙여보았다. 집과 하나가 된 형상이 마치 이불같이 느껴져
또 다른 즐거움을 주는 그림이다.

선 속에는 사랑과 자신에 대한 연민이 함께하고 있다. 그가 사랑하는 사람들, 그 자신의 삶. 그리고 작업. 그것을 바라보고 있는 그!

나이가 들면서 그림을 그린이가 자연스레 묻어나는 그림이 좋아진다. 그것이 의식이든, 감성이든 그린이의 세계가 자연스럽게 배어 나오는 그림들이 좋다. 그런 그림들은 어느 곳에 두어도 스스로 빛을 발한다. 화가도 역시 어느 곳에서 살아가든 스스로 빛을 발하는 존재가 아닌가.

# 청년의 마음

내 나이 스물둘엔 파리의 광장들을 거닐고 싶었다.

스물아홉엔 뮌헨의 레몬 빛 가스등 밑에서 눅눅하게

다가오는 이국적 향기에 취하고 싶었다.

서른아홉엔 몽골의 야생을 꿈꿨다.

내 나이 마흔,

지금 나는 부탄의 하늘과 숲을 느끼고 싶다.

……

나는 오늘도 여행을 꿈꾸고 있다.

두 해 전 내가 '여행을 꿈꾸며'란 주제로 작업할 때 써놓은 작업노트의 부분이다. 마흔을 넘어 살아온 나는 지금 어디로 여행을 떠나고 싶은 걸까. 너무나 긴 삶의 여정 속에서 현실을 벗어나 때로는 나만의 여행을 떠나고 싶기도 하다. 나에게 여행은 삶의 여정과 같다.

사람의 의식과 감성은 세월과 함께 변해간다. 짧지만 굵은 인생을 살아가기 원했던 우리들은 지금은 어떠한가? 최소한 나는 언

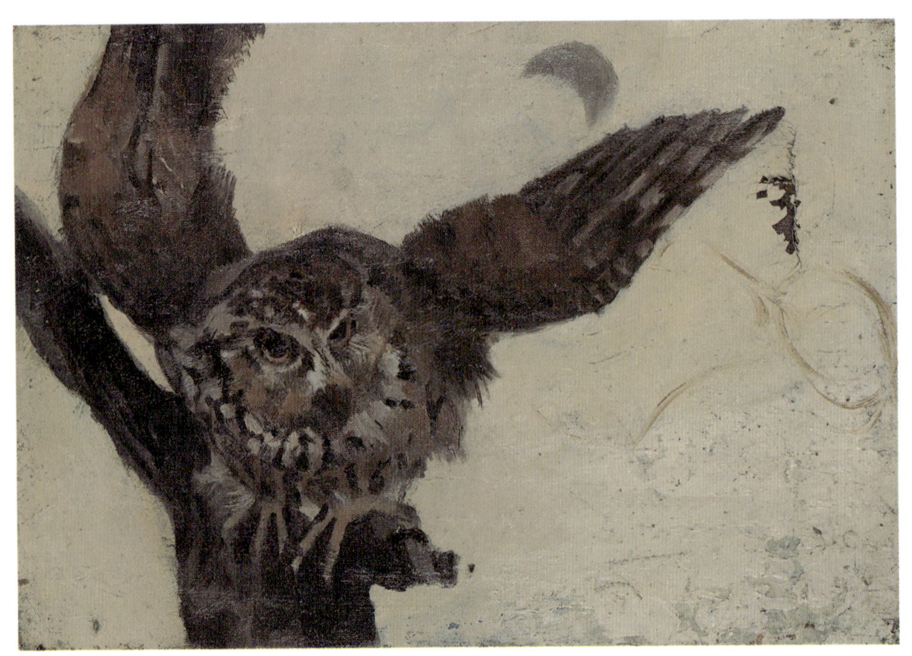

응시  33.0×24.0cm 캔버스에 유채  1991

부엉이는 밤을 본다. 그의 눈은 세상을 응시하고 있다.

제나 가슴 벅찬 인생은 아니더라도 나에게 허락된 인생을 충분히 누리며 살고 싶다. 나는 그림을 그리는 화가이다. 그러기에 세월이 흐르며 내 의식이, 감성이 변화하듯이 변해가는 나의 작업들을 보고 싶다.

삼십대의 정관훈은 "마흔 전에 무언가를 보여주지 못하면 붓을 놓아야 하지 않느냐"는 말을 하였다. 그의 말은 무언가에 쫓기듯 조급함이 없지 않지만, 깊이 생각해보면 의미가 있는 말이기도 하다. 그래서 그 주위의 몇몇 지인들은 그에게 동조했으리라.

나 역시도 화가로서 마흔이라는 나이를 동경했던 적이 있다. 이십대의 불완전한 열정과 치열함이 지나고 삼십대에 좀 더 안정적인 열정을 품에 안으면서 사십대는 조금은 완숙미를 가지고 사회적으로나 내적으로 안정된 작업을 하지 않을까 하고 생각했다. 그러나 마흔을 갓 넘긴 나는 아직 청년인 것 같다. 오십이 되어도 육십이 되어도 청년일 것 같다. 붓을 놓지 않고 창작에 대한 열정의 고삐를 늦추지 않는 한 나는 청년일 것 같다.

사람들이 정관훈의 단호함에 설득당하곤 했던 것은 그가 세상을 보는 나름의 통찰력을 가지고 있었기 때문이다. 조금은 단순하게 내뱉는 그의 말은 논리적이고 합리적인 깊이를 가지고 있었다. 나의 생각이 감성적인 자신만의 오기라면 그의 생각은 현실적이면서도 직관을 가지고 있다. 언제나 청년의 마음으로 가야 할 우리는 어쩌면 마음만 그럴 수도 있다.

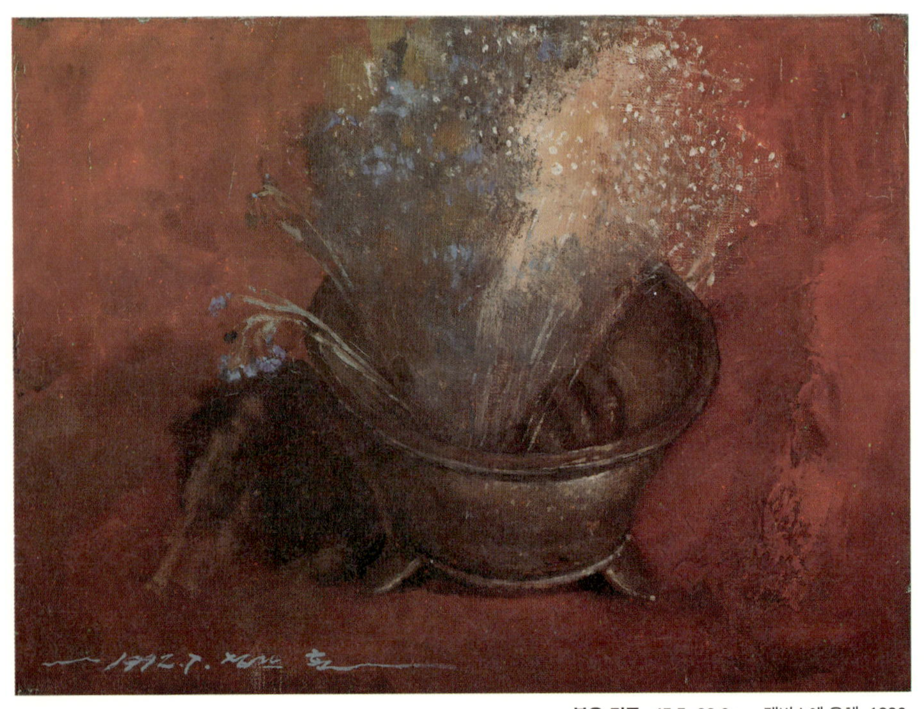

**붉은 정물**  45.5×33.0cm  캔버스에 유채  1992

정관훈은 색감에 관심이 많았다. 붉은색을 사용한 그림은 많지 않았지만
그의 그림 속 붉은 색이 그의 열정마냥 아름답다.

화가는 수많은 독락(獨樂)의 시간으로 스스로를 키운다. 사람이 늙으면 지혜로움은 늘겠지만 '용기'의 근수는 줄어든다. 그러기에 작가는 줄어든 용기의 근수만큼 무언가를 대신 채워가야 하는 것이다. 하지만 그것이 결코 쉬운 일은 아니다. 그래서 어떤 이들은 그림을 그린다는 것이 '도(道)와 다름없다'고 서슴없이 말하기도 하는 것이다.

예술은 젊은이의 마음에 용기라는 거름을 주었을 때 가장 붉은 꽃을 피울 것이다. 그러기에 작가는 마흔이 넘어서도, 오십이 되어서도, 육십이 지나서도 언제나 청년이어야 하는 것이 아닌가. 정관훈은 이런 심정이었을 것이다. 가장 아름답게 꽃을 피워야 할 절정기에 꽃을 피우지 못한다면 더 이상 붉은 꽃을 피우지 못하리라는 것을 현실적으로 감지하였던 것이다.

그런 그이기에……우연이었을까? 그는 마흔하나에 하늘로 갔다. 악(樂) 소리 한 번 제대로 지르지 못하고 그는 떠났다. 미처 꽃망울을 터트리기도 전에 가버린 여기까지의 그의 작업, 그의 삶, 그의 사랑은 스스로에게 어떤 모습으로 다가왔을까? 어쩌면 그의 짧은 삶과 예술이 처연한 아름다움을 주는 것은 작업에 대한 열정에 목말라 하며 불태우다 간 그의 불완전한 삶이 너무나 간절하여 더 이상 완전함과 다를 바 없는 모습이었기에 우리에게 하나의 아름다움으로 다가오는 것은 아닌가.

이미 개화한 꽃은 더함 없이 아름답지만 개화하기 전의 꽃망울은 청초한 의연함을 가지고 있기에 아름다울 것이다. 그 의연함은 개화에 대한 확신이 담긴 희망을 품고 있기에 더욱더 붉을지도 모를 일이다.

# 거울 속의 그림

일흔을 훌쩍 넘긴 노모가 두세 달 전 뇌경색을 앓아 인지능력 상실이란다. 어휘가 줄고, 사물의 구별이 헷갈리고, 말이 어둔해졌다. 자신의 처지에 대한 막연함 때문인지 외모는 신경도 못 쓰다가 오늘은 아침 일찍 일어나서 화장을 하고 차려입고 나가신다. 예쁘다. 늙어도, 아파도 여자란 존재는 화장을 해야 한다는 것에 알 수 없는 서러움이 몰려오지만 그 모습이 예쁘다.

정관훈은 한동안 그림의 장식성에 대하여 고민하였다. 그래서인지 그는 화면 바깥쪽에 강한 마티에르를 주고 금박으로 치장하는 그림을 한동안 많이 그렸으며 꽃이나 정물 등을 그리기도 했다. 나 역시도 그림의 내용만을 추구하다 소통이라는 개념을 받아들이면서 그림의 장식성에 대하여 몰두한 적이 있다. 시대가 바뀌고 아파트 문화가 생기면서 그 공간 속에 무리 없이 걸릴 수 있는 그림의 형식들에 대한 고민을 하였다.

정관훈 역시도 장식적 그림이 결국에는 대중과의 소통이라는 고민과 맞물린다는 생각을 하였을 것이다. 혼자 만족하는 그림이 아닌 누구나 보고 향유할 수 있는 그림을 그린다는 것은 작가에게 중요한 문제이다. 그러나 장식성을 염두에 둔 강한 질감의 금박들이 기법으로 사용된 그의 작품들은 너무나 짙은 화장으로 감추어져 본바탕을 잃고 마는 그런 착오였을 것이라는 생각이 든다. 그 시절의 구상 화가들은 질감에서 오는 두드러진 느낌을 작품 속에 표현하는 시도를 하고는 했다. 지금은 과장되어 보이는 그러한 질감과 장식성들은 당시의 흐름과 함께 그의 작품에 나타났다가 시간이 흐르면서 좀 더 내면적인 형태로 정착되어갔다. 생각해보면 기법도 하나의 조형적 표현의 부분이겠지만 그것뿐이라 단정할 수도 없는 것은 작품은 화가의 몫이고 의식이기 때문이다.

그러나 시간이 흐르면서 그의 정물 속에는 한국화의 화면처럼 두드러진 질감 대신 여백이 생기고 고고한 품위가 일기 시작했다. 채워지는 것보다 비우는 것의 미감을 느끼기 시작한 것이다.

작업을 하면서 느끼는 것은 너무 과하지도 모자라지도 않는 적절함을 작품에 담아야만 자기 감정에 넘쳐난 졸렬한 표현에 이르지 않는다는 것이다. 그림의 장식성은 시대의 변화로 인해 너무나 다양해지고 있다. 거실에는 꽃을, 주방에는 정물을 건다는 속설(俗說)을 무시할 수는 없지만 너무나 다양한 표현들이 쏟아져 나오고, 그것을 수용하는 계층들이 생기는 미술 판에서 조금만 시선을 움직여봐도 화사한 꽃이나 정물만이 장식성을 대표하는 것은 아니라는 것을 쉽게 알 수 있다.

어느 화랑 관계자의 말이 생각난다. 최고급 아파트 모델하우스

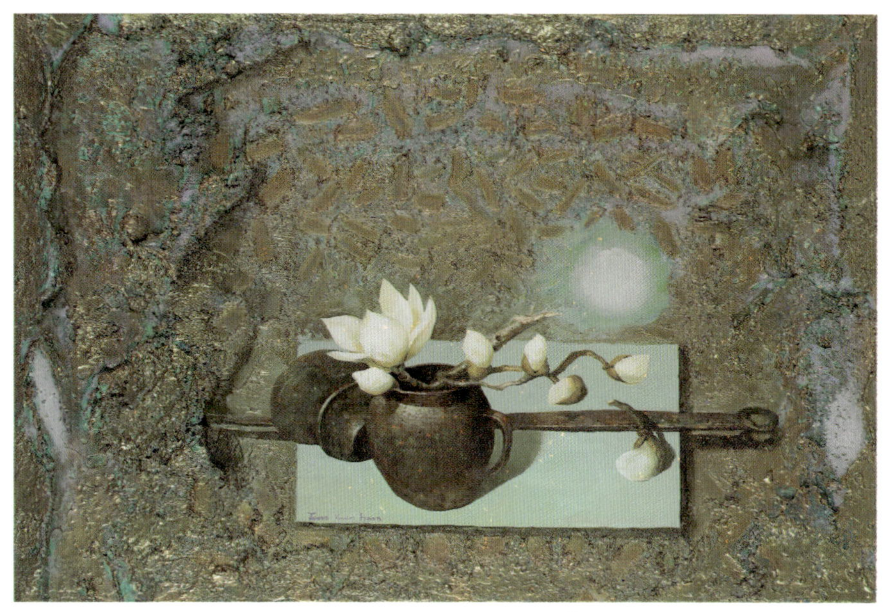

**그곳의 향**  65.2×45.5cm  캔버스에 혼합재료  1999

한동안 장식성을 추구하기도 했던 그는 바깥쪽 화면에
장식성 있는 표현을 덧붙였다. 호분을 바르고 포크로 끌어서 만들어진
질감들 덕분에 집에 포크가 남아나지 않았다 한다.

에 그림을 걸 일이 생겼단다. 그런데 건설사인 대기업 관계자들이 고른 포트폴리오 속 그림은 화려한 색채의 장식성을 가진 그림이 아니라 작가가 현대적으로 조금은 미니멀하게 재해석한 저채도의 풍경이었다 한다. 본바탕을 가리지 않는 자연스러운 화장처럼 공간 속에서 튀지 않는 조형성으로 조화롭게 걸릴 수 있는 그림이 가지는 장식성을 이해한다면 감상과 소유의 폭도 넓어지리라.

# 시시한 것의 아름다움

정관훈은 언제나 생각에만 머물지 않았다. 생각하고 확인하고 행동하고 그리고 실패하고 또 다시 생각하고 행동하고 확신하는 방법으로 자신을 몰아갔다.

처음 그의 그림을 접했을 때 너무나 많은 양에 놀랐고 너무나 다양한 시도들에 놀랐다. 시간이 흐르고 나서야 안 사실은 그의 시선은 고정되어 있지 않았다는 것이다. 그는 항상 무언가에 몰두하면서도 주변을 탐색했다. 그는 자신의 눈에 보이는 것과 타인의 눈에 보여지는 것의 관계 속에서 언제나 고민했다. 그것은 가끔씩 그를 지나치게 다양한 표현들로 유도하기도 했지만, 박수근이 빨래터를 지나며 보아온 군상들의 모습을 통하여 삶을 표현했던 것처럼 그 역시 집, 사람, 나무, 달, 항아리 호박 등 주변의 사소한 것들을 통해 자신의 생각을 표현하려고 했다.

길을 가다 500원짜리 동전 한 닢을 줍는 날에는 그것이 행운의 상징처럼 느껴져 사소한 징크스는 그냥 지나치며 마냥 즐거워한 적이 있다. 1000원짜리 지폐보다 500원짜리 동전이 더 행운처럼 느껴진다. 왜 그런가 생각해보니, 동전을 던진다는 행위가 인생의 이면

미국에서도 나무 둥치를 자주 그렸다. 그러나 한국에서 그렸던 것과는 달리
일반적인 구도에서 벗어나 현대적인 조형미가 주는 호소력이 느껴진다.

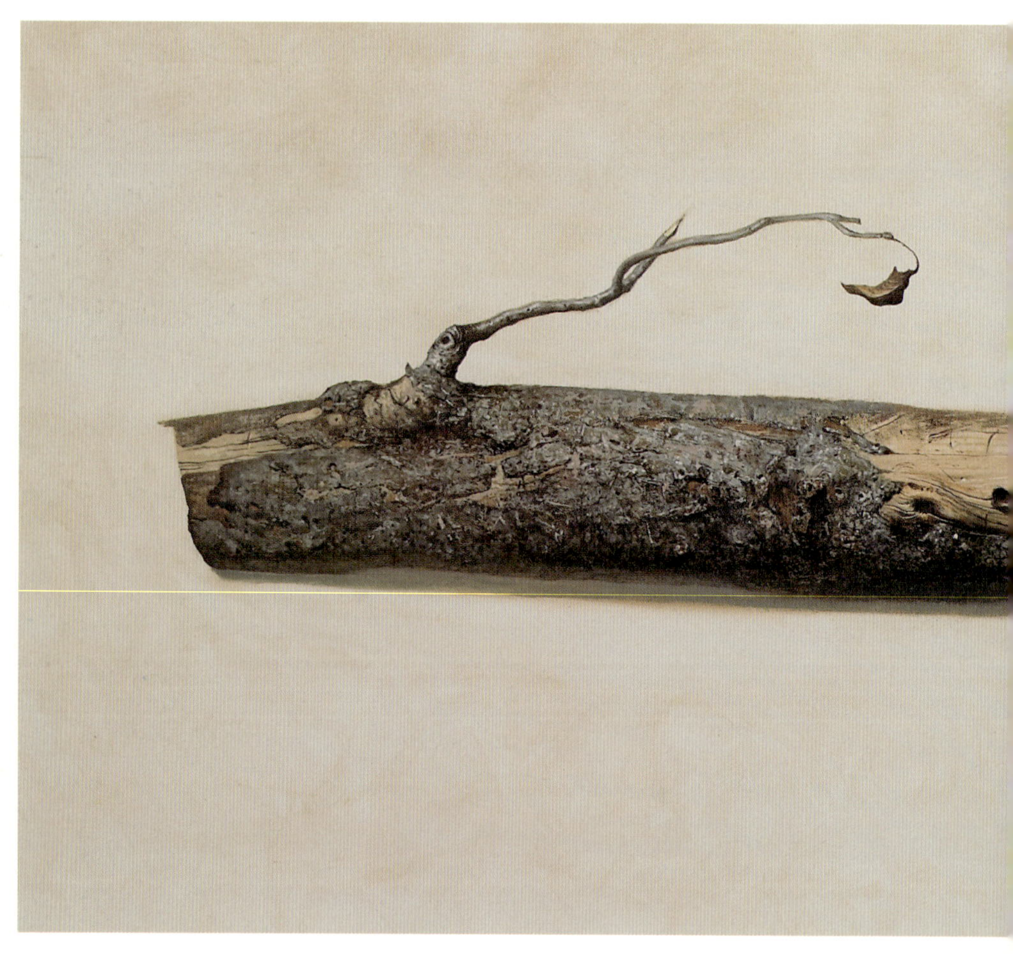

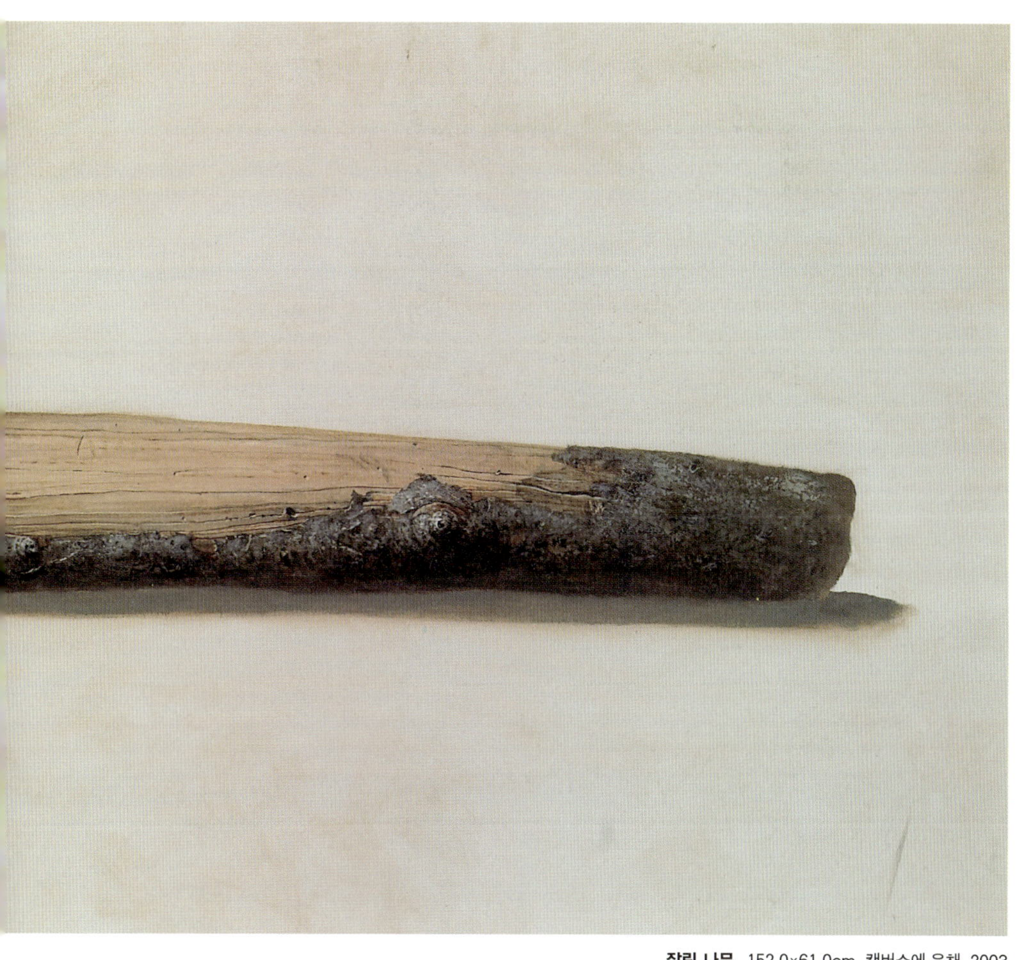

잘린 나무  152.0×61.0cm 캔버스에 유채  2003

을 스스로 선택할 수도, 선택당할 수도 있다는 상징을 갖고 있기 때문은 아닌가 싶다. 여기까지 생각이 미치자 참 특별할 것도 없는 동전 한 닢에 별스런 의미를 다 부여하고 있구나 싶다.

500원짜리 동전은 결코 특별하지 않다. 단지 나 스스로 그것을 특별하게 만들고 싶을 뿐이며 그것이 일상 속의 나에게 줄 수 있는 조그만 선물이길 바라는 마음 때문일 것이다. 작은 행운으로 시작된 삶의 여유와 휴식, 어쨌든 그것은 내가 특별한 의미를 부여할 수 있는 행운임이 분명하다.

빵을 사러 들른 빵집의 벽에 걸린 아름다운 시 한편, 계산대 앞에서 느낄 수 있는 잠깐의 여유로움이지만 그 시 때문에 그 빵집은 내게 즐거운 장소이다. 나중에 알고 보니 빵집 아저씨는 시인이었다. 우연히 만난 친구 덕에 커피 한잔 하러 들어간 카페의 화장실에 붙여놓은 책에서 찢어낸 그림 한 점, 옷과 함께 마음도 벗어놓을 수 있는 공간의 여유로움 때문인지도 모르지만 그 카페의 비싼 액자 속 그림보다 그 공간의 그림 한 점이 더 좋아 보였다. 늦은 새벽 슈퍼 앞에 마구 쌓아놓은 상자들의 무심함 속에 놓여 있는 나름의 규칙적인 아름다움, 마치 어지러운 야경마냥 혼돈 속의 질서 같기도 하다. 어떤 때는 가끔 들르는 식당에서 본 주류 포스터가 예전의 노골적인 자태를 뽐내던 것보다 감춰진 모델의 섹시함으로 신선하고 디자인적이라는 생각도 해본다.

예술가가 아닌 이들에게 예술작품은 특별하지 않다. 어쩌면 일상 속에서 마주하게 되는 회화적, 조형적 이미지들이 특별한 느낌을 줄 수 있을지도 모른다. 물론 그런 것들을 보는 미지각도 훈련된 것이어야 즐거움이 배가 되겠지만 그들은 예술가가 아니기에 자신만의 관심과 시각으로 그 이미지들을 조합하여 느끼기만 하면 된다. 사람들은 피카소의 작품보다 70년대 낡은 시집 속에 들어 있는 천연색 시화들에서 향수를 담보로 한 감동을 받을지도 모를 일이기 때문이다.

정관훈은 자기 확신과 자존심이 강했던 화가에게는 어울리지 않을 만큼 다양한 소재와 기법들을 사용했다. 처음에는 이것이 아 이러니하게 느껴졌지만 이념과 의식이라는 관점으로 들여다보지 않고, 작가가 일상에서 특별한 이미지를 만들어내는 것과 연결시켜 본다면 그는 조금 더 자신만의 특별함을 화폭에 담고 싶어한 것이 아닌가 싶다. 그는 길을 걷고 있는 등진 이의 모습에서 자신의 내면을 드러내기도 하였으며, 그것은 인간 군상이 가지는 본질적 삶에 대한 회귀와 같은 것일 수도 있겠다는 생각을 했다. 그는 얼마나 많은 시간 그 길을 걸으며 자신을 들여다보고 삶을 들여다보았을까? 그는 아무리 사소한 것이라도 그냥 지나치지 않았다. 다른 이에게 감동을 줄 수 있는 좋은 작업의 출발점이 자신이라면 화가의 눈은 고정되어서는 안 된다. 세상을 응시하는 그들의 시선에서 작은 역사가 시작되는 것 아닌가.

화가는 특별하지 않은 것을 특별하게 만드는 사람들이다. 정관훈, 그도 자신만의 특별한 역사를 만들기 위하여 주위의 모든 것들을 보고 느끼고 또 보며 생각하는 작업을 계속하였다. 이러한 이해가 깊어지자 나는 이념과 의식에 앞서 화가의 삶이 자신이 속한 환경 속에서 완전히 융화되어 하나의 시도가 된다는 것에 어떤 경외감을 느꼈다. 이런 느낌은 다른 어떤 것보다 내 가슴에 크게 다가왔다.

길 위의 동전은 항상 존재하는 것이 아니다. 그처럼 그림이나 작품도 누구나 쉽게 접할 수 있는 것은 아니다. 그러나 시시한 듯 보이지만 나름의 미학을 가지는 일상 속의 이미지들은 우연히 줍게 된 동전 한 닢의 행운처럼 보는 이의 특별한 시선 속에서 그 어느 예술 작품보다 아름다울 수도, 감동을 줄 수도 있고 때로는 지친 삶의 청량제가 될 수도 있다. 그 감상의 여유로움이 언젠가는 열정과 노력이 배어 있는 전시장 속 화가의 특별한 작품 앞에 서게 만들 것이라 믿어 의심치 않는다.

어느 날 취중에 한참을 있더니 나방을 그려보고 싶다 했다.
"아주 크게, 고놈의 눈깔을 비롯하여……"라고 중얼거리며.

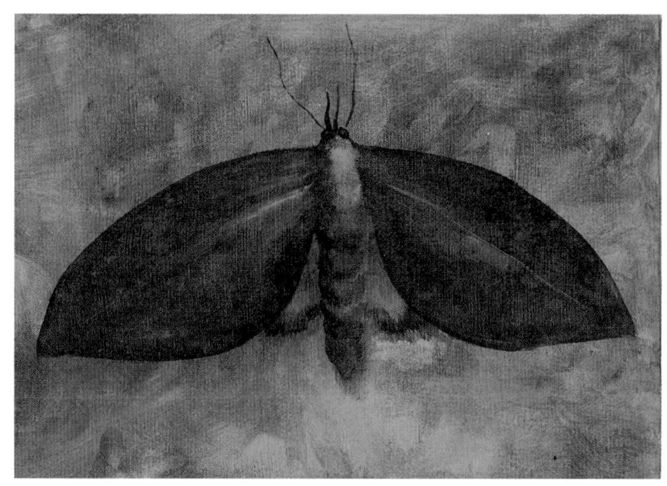

**나방**  33.0×24.0cm  캔버스에 유채  1991

# 예술은 사기다

정관훈의 그림 그리는 벗이 바닷가에서 자연산 회를 사왔다고 연락을 해왔다. 화랑하시는 분 댁에서 '예술'과 '애술'이 다를 것 뭐 있냐는 사람들이 모여 자연산 회를 핑계 삼아 조촐한 술상을 벌였다. 좋은 벗이 있으면 술이 달고 덜 취하는가 보다. 가난한 화가들 고갈비 구워놓고 소주 한 병만 곁들여도 '애술'하기에 넉넉할 터인데 자연산 회가 안주라니 술자리가 고조되어 더 예술적이다. 그 술자리에 꼭 빠지지 않는 안주가 하나 더 있으니 정관훈의 이야기들이다. 정관훈이 조금은 유별난 성격에 탈도 많았던 사람인지라 술자리만 차려지면 이런 저런 그에 관한 에피소드들이 끝이 없다. 사실 작업에 대한 이야기보다 술자리 얘기들을 더 많이 들었던 것 같다. 어떤 때는 무릎을 딱 치는 이야기도 있고, 내 속을 통쾌하게 확 뚫리게 한 이야기도 있었지만 좀 심했구나 하는 이야기도 있어 입이 근질근질 아니 손이 가렵지만 글 아닌 글로 마음이 어색해질 이들이 생길 것이 두려워 그만두련다. 술자리 이야기라면 밤을 새우고도 모자랄 판이다.

자리를 함께한 지우들은 그림 그리는 화가가 두 사람, 그림 파는 사람이 한 사람, 미대를 졸업하고 그림은 그리지 않지만 화가들 틈에 끼기 좋아하는 일반인 한 사람, 30년 화랑 하는 남편 덕에 어깨 너머 웬만한 눈을 가졌음직한 마음씨 좋아 보이는 주인마님이다. 너무 많지도 적지도 않은 적당한 술자리 인원이다. 회가 유난히 달다. 이 회 비쌀 것인데 생각하며 에라 내 속도 모처럼 호강 좀 시키자 하며 주인장 직접 담은 웰빙 된장에 회를 찍어 소주 한 모금 털어 넣으니 그만한 맛이 없다.

그런데 나중에 알고 보니 그 회가 자연산이 아니었단다. 그림만 그리느라 세상 물정 모르는 화가 양반이 바닷가에서 속아 사온 회더란다. 하지만 모두들 바보가 아니었다. 자연산 회 갖다놓고 이게 진짜 자연산인가 의심 품고 먹는 인간이 진짜 바보이고 자연산 아니지만 자연산이라 믿으며 맛나게 먹는 사람이 영리한 사람이란다. 지당한 말씀이다.

일반인들은 그림이나 그림 감상에 대해 순수하고 자유로울 수 있지만 미술업계 종사자들은 오히려 그림에 대해 강박관념을 갖기도 한다. 그 이유는 작가의 혼으로 만들어진 그림을 어떤 식으로든 포장하여 그 작품이 조금이라도 더 낫게 평가받게 해야 한다는 부담감 때문일 것이다. 화가는 생산자이니 관두더라도 평론가, 기획자, 연구가, 화상 등이 그렇다. 평론가는 작업에 대한 이론적 바탕을 만들어주어야 하는 것이 일이기에, 기획자는 전시의 의미와 가치를 알려야 하기에, 화상은 작품 앞에서 선택의 고민을 하고 있는 고객에게 확신과 믿음을 주어야 하기에…… 이런 저런 이유로 그림을 그림 그대로 두지 않고 의미와 가치를 붙이려 한다.

예술도 알고 보면 사기라는데 어찌되었든 화가들은 자기가 사기 치는 줄도 모르고 온몸 다 바쳐 열정을 태운다. 그런 걸 보면 화가는 사기꾼은 아닌 것이 분명하다. 물론 가끔씩은 제대로 사기를 치는 이들도 있다. 제대로만 된다면 그것도 아름답다.

정관훈도 세상 물정 모르고 그림만 그릴 줄 아는 사람이었다. 은행에 가서 볼 일도 못 보고 전기요금 고지서를 봐도 뭐가 뭔지 모르고, 어떤 때는 동사무소에 등본을 발급 받으러 가서도 집으로 전화를 걸어 도움을 청하는 사람이었다. 돈도 있으면 쓰고, 없으면 안 쓰며 궁상스럽게 살면서도 별 불만 없이 생활했다. 잘살고 못사는 것이야 상대적이라지만 그는 생활의 곤궁함을 자신이 하는 작업에 대한 자존심과 열정으로 위로받고 그것으로 삶의 평형을 유지하려 했다. 모든 것에 관대해도 자신의 작업에 대해서만큼은 그러지 않은 사람.

예술은 사기라고 말할 수도 있다. 예술의 영역은 전문적이기 때문에 주관적 해석이 강하다. 특히 미술은 지극히 개인적인 작업으로 자신만의 색깔을 만들어야 한다는 의무 아닌 의무 때문이거나, 장르의 다양성이나 전문성으로 인해 직접적이지 않은 부분이 있기에 더 주관적이다. 그래서 음악이나 문학작품보다 대중적 이해도가 낮아지기도 한다. 어떤 경우에는 작가들조차 이해하기 힘든

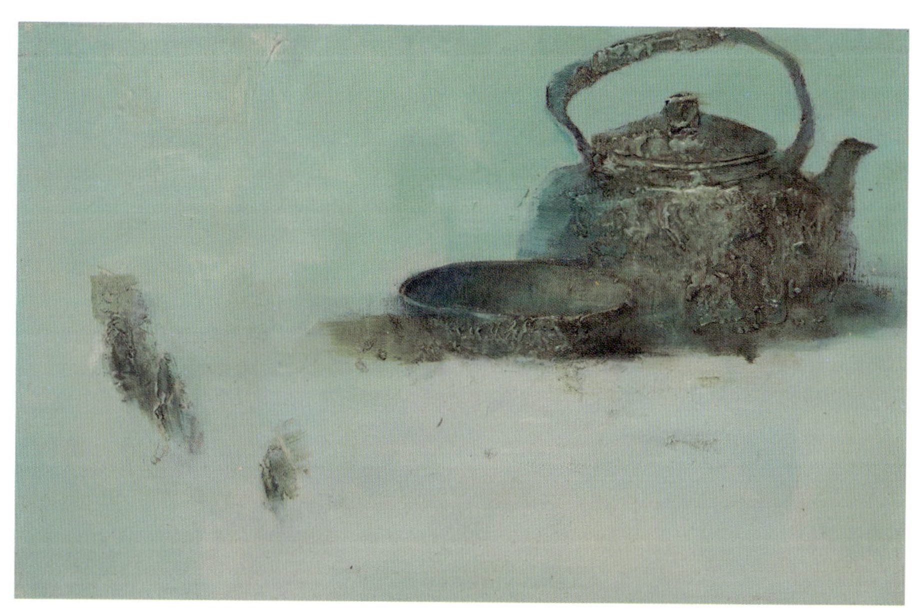

**주전자와 술잔**  53.0×33.3cm  캔버스에 혼합재료  1995

이 그림이 제작된 시기에는 짜임새 있는
구도의 정물이 많이 그려지곤 했지만
정관훈은 이때부터 여백에 대한 고민을 했던 것 같다.

난해한 작품들도 있다. 그런 경우 작가들이 작업에 대한 사회적인 책임을 생각이나 하는지 의구심이 들기도 한다. 작가 자신마저 몰입하게 되는 예술의 독선과 편견들은 미학적 해석이나 과장된 의미가 부여되어 예술에 동화되고 예술가의 삶에 동화되어야 하는 대중에게는 그 전문성이라는 것이 관습화된 독선처럼 느껴질 수 있다.

하지만 예술은 사기가 아니다. 예술가들은 합리적인 논리 이상의 예술에 대한 절박한 절대성을 가지고 있기 때문이다. 물질적으로 너무나 풍족한 이 시대에 굳이 그런 풍요 없이도 삶의 평형을 이룰 수 있는 예술가들의 희생이 현실 속에서 낭만이 되고, 멋이 되고, 아름다움의 표상이 되는 것이다.

하지만 이와 같이 인간의 삶을 정서적으로 이끌어야 하는 예술이 삶과 밀착된 실현성을 가지지 않는다면 대중에게 예술은 영원한 숙제가 될 것이며 어쩌면 예술은 사기가 될지도 모르겠다. 그래서 때로는 이렇게 외치고 싶다. "예술은 사기다!"라고.

# 예술적 파열

일상을 통하여 눈이 혹은 의식이 열리는 경험은 반복된 훈련을 통해서도 가능하겠지만 내재된 본질이 하나의 외부적 자극을 통하여 파열(破裂)하는 것은 화가에게 희열이며 화가로서 살아감에 존재 가치를 느끼는 일일 것이다. 그들은 끝없는 미완의 행위를 하면서도 그 예술적 파열들을 목말라하고 그 파열은 지금의 작업세계를 또 다른 세계로 이행시키는 진일보한 경험과 얻음이 된다.

그림을 그리는 일, 창작을 하는 일 역시도 인간의 불완전성과 미성숙함을 탈피하여 '도'를 향해, '깨달음'을 향해 가고픈 욕망일지도 모른다. 누가 그림을 그리는 이를 순수하다 했던가. 불멸의 욕망과 현실 이상의 가치를 탐욕하고 있는 이기적인 인간 군상인 것을.

하지만 이것만은 분명하다. 그들의 욕망과 탐욕이 클수록 신이 아닌 인간이 만들어낸 영원성이 담긴 시공간을 뛰어넘는 불멸의 작품 하나가 만들어진다. 그리고 이미 그 작품의 존재만으로도 위안과 큰 힘이 될 것이며 우리들은 그것을 호사스럽게 누리게 될 것이다.

대학 4년을 생각해보면 별로 배운 것이 없는 것 같다. 작가가 되기 위하여 정작 필요한 것들은 수업에서 배우기보다 스스로가 만

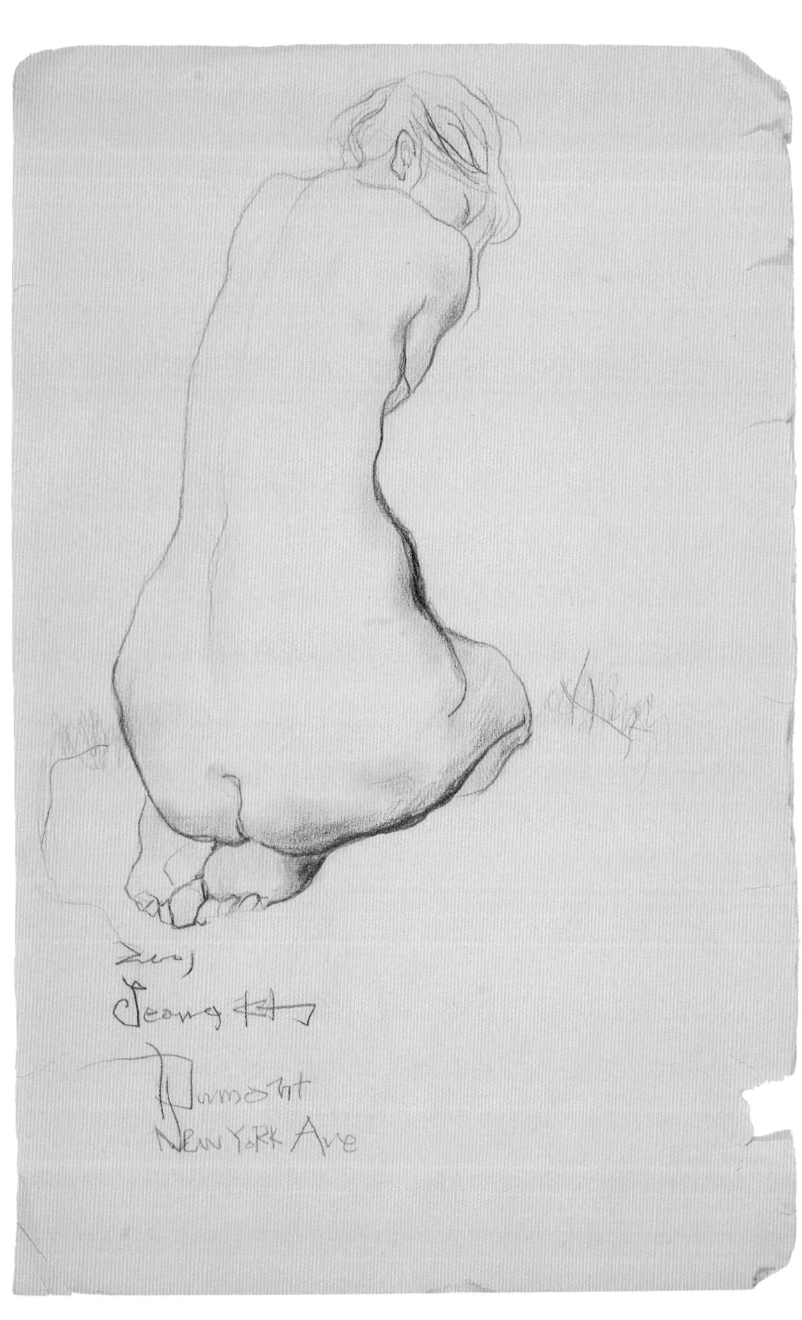
Jeong 김정호
Dumont
New York Ave

들어가야 했다. 그 시절의 예술적 파열은 입시미술에서 좀 더 빨리 벗어나 화가 예비생으로서의 새로운 재료, 새로운 기법, 새로운 발상들을 배워나가는 길이었다.

예술이란 철저하게 자신에게 던져진 숙제 같은 것이 아니겠는가. 예술은 틀이나 범주에 갇혀서는 안 된다. 영역을 만들어서도 안 된다. 창작하는 이가 만든 영역은 '죽음의 영역'이 될 것이다. 창작은 끊임없이 자신을 깨고 부수어서 그것이 갈라지고 터져 나올 때만 생장하듯 변화하는 의식을 만들 수 있다. 이러한 과정은 화가의 삶 속에 고스란히 담겨 그들의 삶이 창작의 과정이고 변화의 과정이 되는 것이다. 그러기에 화가의 삶 자체가 예술이라 해도 과언이 아닐 것이다.

생각해보면 화가는 스스로가 참 잘난 존재이다. 그러한 자긍과 자만심이 없다면 독자적인 예술세계를 구축해 나가기가 여간 힘든 일이 아닐 것이다. 스스로에게 도취해 있으면서도 자신의 부족함을 간파할 수 있는 힘. 그것을 함께 가져야 하는 것이 화가일 것인데 정관훈은 이 둘을 가지고 있었을까?

내가 들은 그는 오만할 정도로 스스로에게 도취되어 있었다. 그 오만함이 정관훈이라는 화가를 지키는 힘이 아니었을까. 그는 선배이든 후배이든 자신의 작품에 대하여 평하는 것을 광적일 정도로 싫어했다. 그는 어떠한 비평도 거부할 정도로 오만하였으나 어쩌면 그러한 행동들이 자신의 작업에 대한 고집들을 스스로 다지는

비 오는 맨해튼의 거리이다. 그림을 그렸던 본인 스스로는 만족하지 못했던 그림이지만
그가 가진 감각과 감성이 돋보이는 작품이다. 비를 그린 것이지만 바람이 그려졌고,
그 바람은 그의 투명한 가슴을 향해 불고 있는 듯하다.

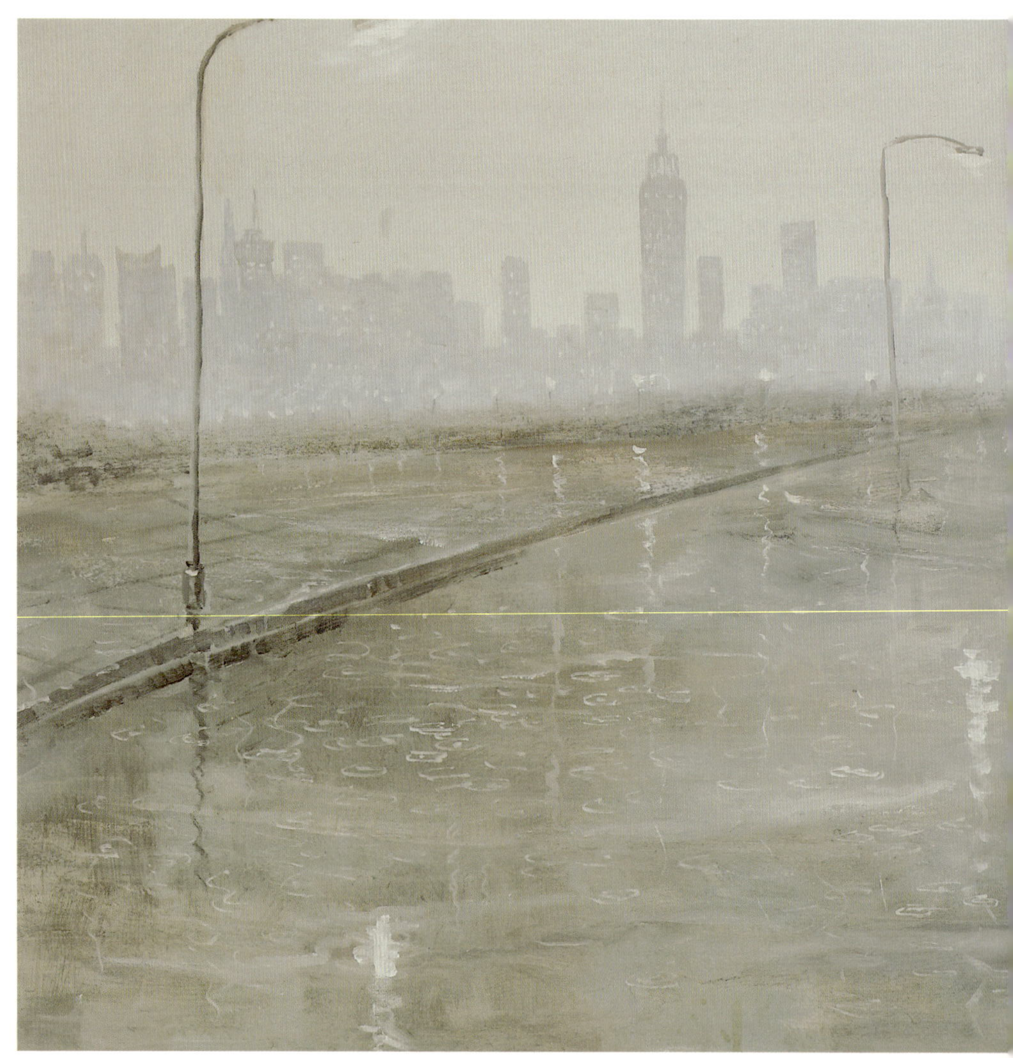

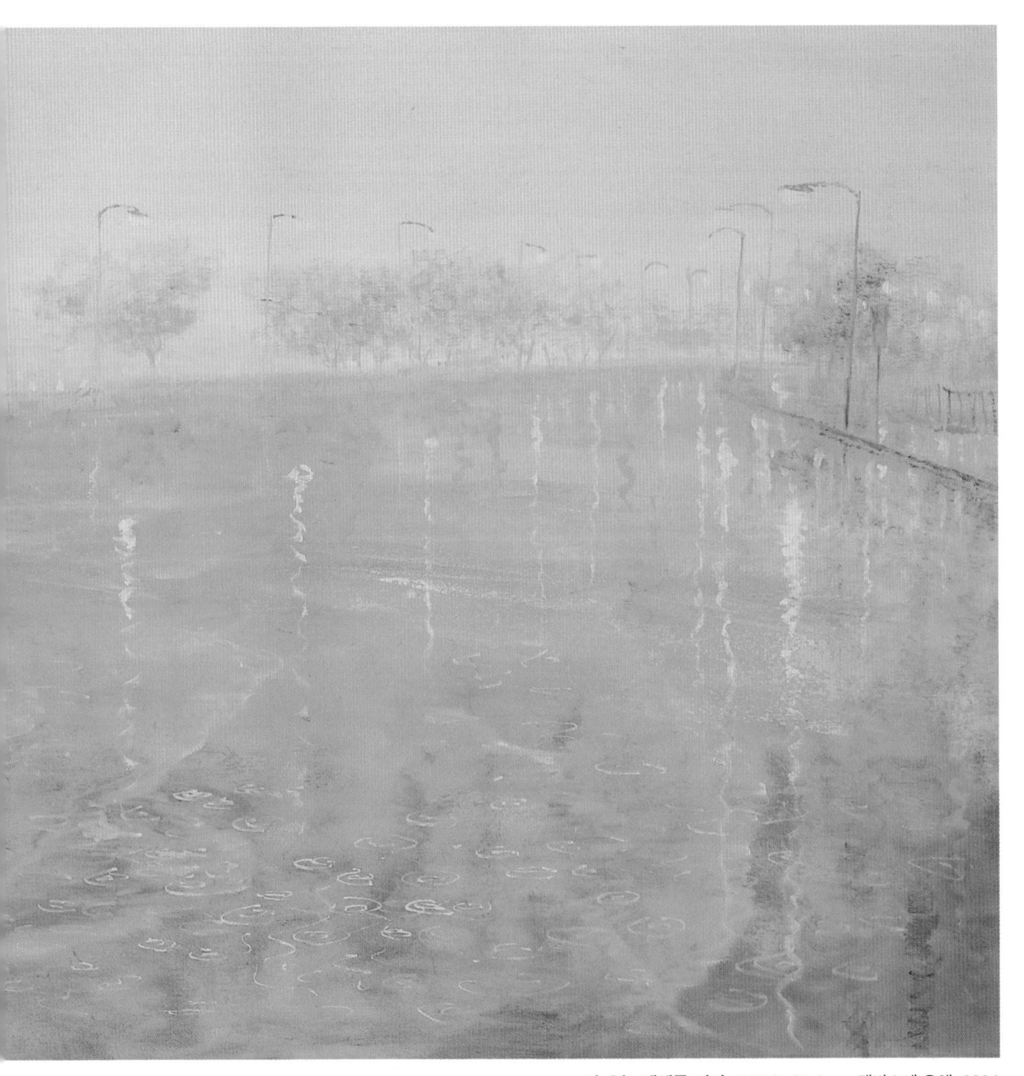

비 오는 맨해튼 거리  122.0×61.0cm 캔버스에 유채  2004

일이었을지도 모르며 그러면서도 자신의 부족함에 대한 또 다른 확인이었을지도 모른다. 하지만 그는 대단한 책임감과 성실성을 무기로 가지고 있었다. 그의 장점은 끊임없이 자신을 깨고 부수며 지칠 줄 모르는 작업 속에서 새로이 성장해가는 것이었다. 그의 작품에 담겨 있는 그 무수한 시도들이야말로 그가 자신의 부족함을 뛰어넘는 예술적 파열에 목말라 했음을 보여준다.

# 오래 묵어 좋은 것

세상에는 우연이 없다. 흔히들 우연을 가장한 필연만이 존재할 뿐이라고 하는데 거기에 전적으로 공감할 때가 있다. 작업을 하고 화가로 살아가는 것 역시도 삶의 작은 단편들이 모여서 필연적인 삶으로 만들어지는 것 같다.

모처럼 묵은 사진첩을 뒤적이다 보니 흑백 사진들 속의 가족들 모습이 눈에 들어온다. 지금은 과거가 된 그 모습들은 현실의 질곡을 벗어난 듯 바래져 몽롱한 기억의 저편으로 사라져버릴 것만 같다가도 여전히 뚜렷한 윤곽으로 남는다. 세월과 함께 희미해질 수는 있지만 변할 수도, 사라질 수도, 억지로 꾸밀 수도 없는 그대로의 과거, 우리의 역사 같다.

골동품처럼 인간의 손때가 묻고 흑백사진처럼 인간의 숨결과 함께한 흔적들을 보면 알 수 없는 숙연한 종교적 감정마저 들 때가 있다. 그림도 시간이 지나면서 물감이 고착되고 탈색하는 등 물리적인 변화를 겪는다. 세월 속에서 캔버스와 물감, 때로는 액자마저도 원래부터 하나의 몸이었듯 밀착된 작품을 대하면 마음이 어느 때보다도 진중해진다. 이런 느낌들 때문인지 그림 그리는 일이 숙

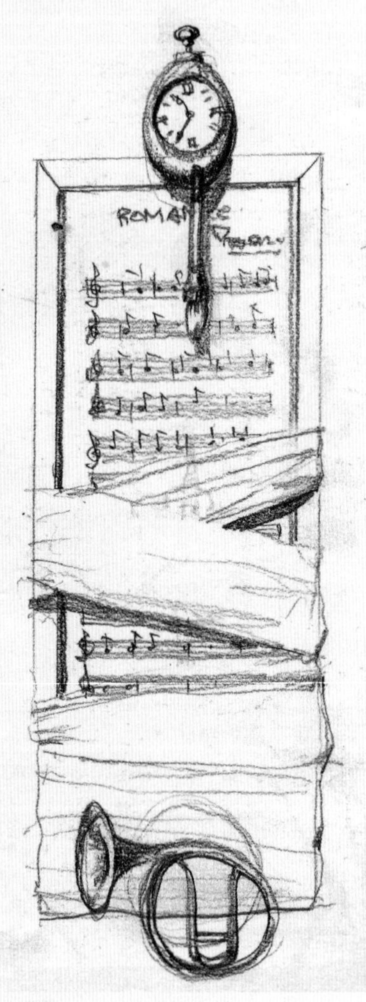
ROMANCE

명처럼 느껴진다. 삶을 송두리째 바쳐야 할 숙명 같은 것.

정관훈의 대학시절 은사였던 김윤수 교수는 "자기가 원하지 않는 그림을 그리는 사람들은 몸을 파는 창녀보다 못하다"고 가르쳤다 한다. 신념을 가지고 그림을 그려야 한다는 뜻이었을 것이다. 미술인들은 그림을 전공하고도 졸업 후 그림을 그리지 않고 그저 평범한 생활인이 되는 것만으로도 죄의식을 느끼기도 한다. 반면에 아무리 현실이 궁핍하고 어렵더라도 작업을 계속하고 있다는 것만으로도 당당할 수 있다. 이렇게 보면 화가들은 숙명과 같은 사명을 가지고 가는 이들이 아닌가.

인간이 창조해낸 예술작품으로 대중의 정서를 함양하고 대중을 지도하며 사회의 의식과 흔적들을 역사화하는 힘을 가진 이들이 예술가이다. 비록 가난과 함께일지라도 숙명과 같은 예술의 길을 기꺼이 받아들이고 살아가는 이들에게 대중들은 존중심을 가지며 그들의 삶의 흔적이 역사에 남을 소중한 문화유산임을 알아야 한다.

정관훈은 살아 생전 누구나가 아는 큰 이름이 되지는 못하였다. 하지만 그 역시 김환기, 이중섭, 박수근 등과 다르지 않다. 신념을 가지고 예술의 길을 지키고 간 것만으로도 예술인의 삶은 존중받아야 할 가치가 있다. 무명의 작가들 하나하나의 열정과 노력들 역시도 문명의 작은 씨앗이 되기 때문이다.

민족의식이나 사회의식이 담긴 작품이 아닌 지극히 개인적인 취향의 작업을 하였더라도 상관없다. 수많은 세월이 흘러 누군가가

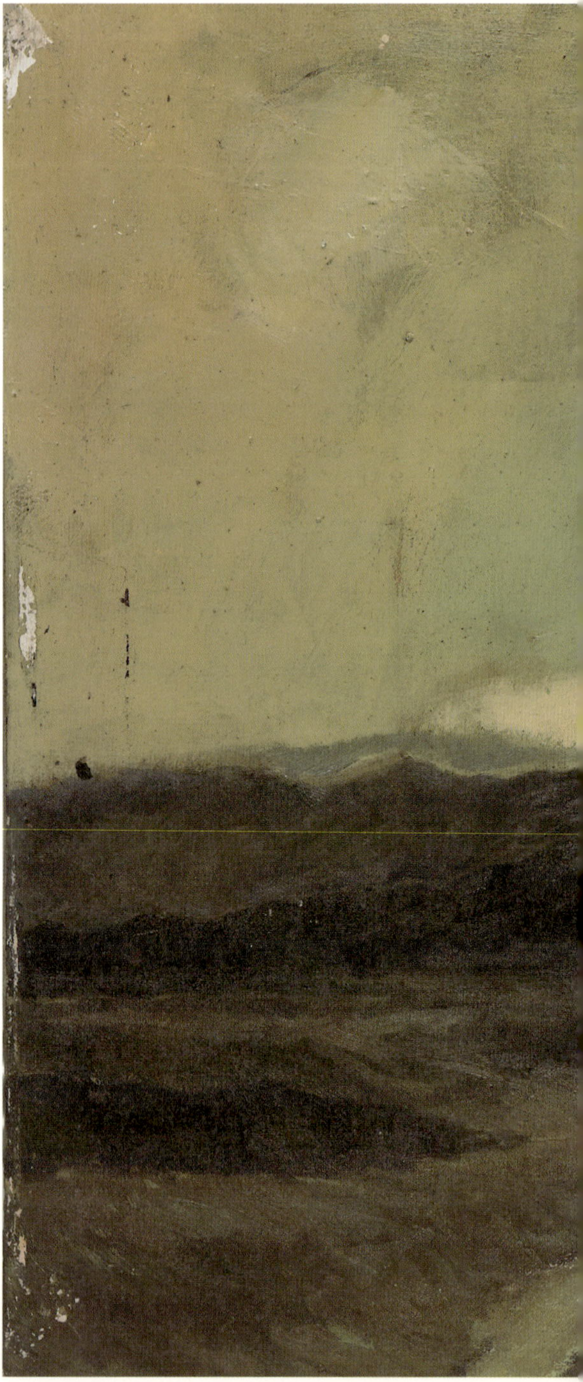

나무는 하늘을 향해 뻗어 있다.
하지만 그 나무의 가지는 대지에
의지하고 있다. 그래서 이 그림은
나무가 있는 풍경으로만 느껴지지
않는다. 빛 바래고 벗겨진
물감층만큼의 세월이 흘러도
나무는 하늘을 향해 자라지만
대지에 의지한다.

**나무가 있는 풍경**
53.0×45.5cm  캔버스에 유채  1986

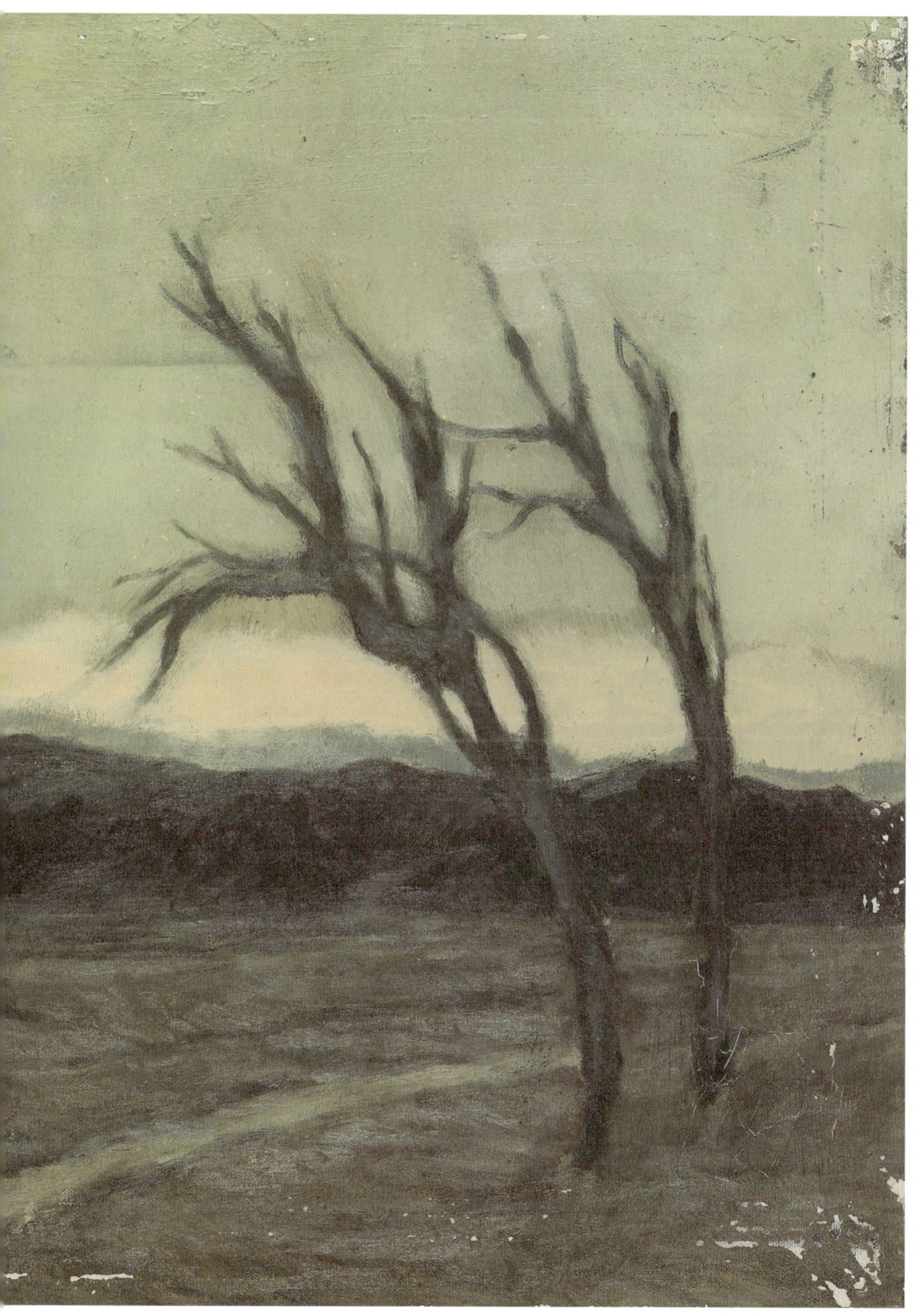

그의 작품 앞에 마주하여 그 세월의 숙연함을, 작가의 삶과 열정을, 의식을 함께 느껴줄 수 있다면 어느 화가나 그 단 한 사람과의 교감을 위해서라도 자신의 삶을 숙명과 함께할 수 있을 것이다.

# 화가와 화랑

정관훈은 대구 봉산동의 문화거리 내에 있는 '동원화랑'과 특별한 인연을 맺어왔다. 그곳에서 전시를 많이 하기도 했지만 이 화랑의 대표와 막역한 사이이기도 했던 것이다. 177cm의 키에 조금은 체격이 있었던 그의 내면에는 스스로도 쉽게 주체하지 못하는 강한 기질이 있었다. 그래서 그는 어떤 자리, 어떠한 상황에서도 자신을 중심에 두길 원했다. 모든 일에 진지하였던 그는 술자리에서도 자신이 진지한 만큼 다른 이들도 진지하길 원했다. 그것은 술자리의 흥이 필요했던 이들에게는 부담스러웠겠지만, 사람들은 결국 그의 이야기에 귀를 기울이지 않을 수 없었다. 그의 외모나 성격에서 오는 어떤 강인함이나 진지한 태도도 한 몫 했겠지만 그것보다 무시할 수 없었던 것은 그의 통찰력이었다.

그의 논리는 진지하기도 했지만 현실적인 합리성이 있었으며 그는 항상 몇 수를 먼저 내다보는 눈이 있었던 것이다. 그래서 사람들은 그에게 설득당하지 않을 수 없었다. 그러나 그의 이면에는 우직한 순수함이 있었고 그 때문에 결국 사람들은 그에게 신뢰를 가졌다. 그는 한 번 정을 주면 끝까지 가야 한다는 신의를 지키고자 하였다. 그런 그였기에 그가 떠난 자리에 남은 사람들은 그를 그리워하며 그의 흔적들을 찾아 가길 원했다.

화가들은 곤궁한 삶을 사는 이가 많아서 가족들이 그 삶에 깊이 동조하기란 여간 힘들지 않다. 화가들의 눈은 현실 속에서도 무언가를 향하여 있기에 가족들은 어떤 막연함을 좇아가야 할 때가 있는 것이다. 그래서 가족보다 주변의 동료나 지인들이 화가를 더욱 깊이 이해하고 있는 경우가 많다.

가족은 화가에게 현실이다. 그러나 화가는 현실의 굴레를 뛰어넘고자 하는 이상주의자들 아닌가. 그 경계에서 현실적인 문제와 이상적인 문제를 타협해주는 곳이 화랑이다. 그 타협이라는 것에는 경제적인 충족도 있겠지만 작가의 이상의 발로인 작품을 세상으로 내보내 소통시켜주는 창고로서의 역할도 있다. 작가에게 너무나 달콤한 그 창고에는 그러나 가끔씩 작가를 함정에 빠트리는 상술이 도사리기도 한다.

화가와 화랑은 불가분의 관계이다. 눈앞의 이익만 생각한다면 화랑을 통하지 않고 작가가 작품을 판매하는 것이 이익이 될 수도 있겠지만, 단언컨대 그것은 아니다. 작가가 성장하기 위해서는 실리 이상으로 중요한 것이 자신을 세울 문화 마인드를 만들어가는 것이다. 화랑은 좋은 작가가 있어야 성장할 수 있으며, 작가는 좋은 화랑이 있어야 성장할 수 있다. 그럼에도 영세한 미술 판에서 가끔씩은 부적절한 거래들이 오가기도 하여 화가로서 살아가는 것이 삐

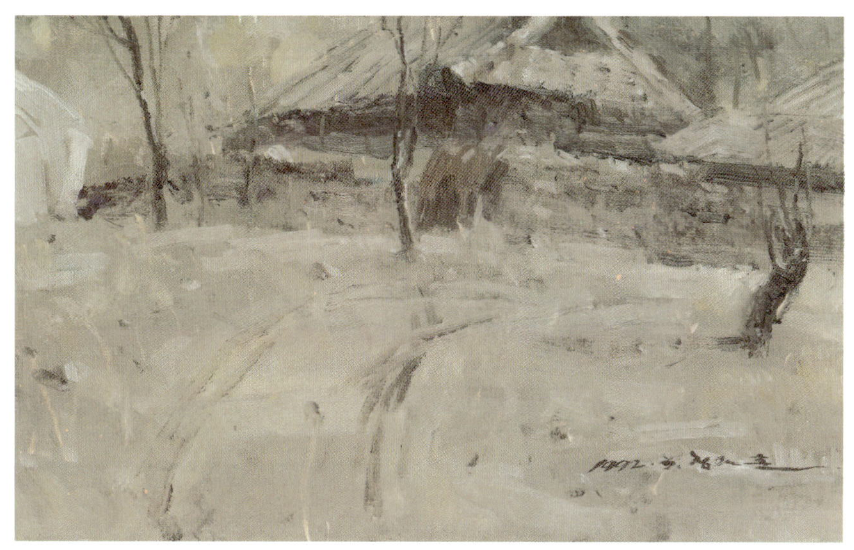

**수몰지역**  45.3x27.7cm  캔버스에 유채  1992

운문 댐 수몰지역에 물이 들어오기 하루 전의 모습이다.
사라져버릴 마을 이야기를 서둘러 화폭에 담았다.

걱거리기도 하지만, 누구의 잘못이 먼저인가에 앞서 평생을 쌓아갈 작업이라는 생각으로 서로 진정한 동반자의 관계가 형성되어야 한다. 작품 몇 점 팔고 말 거라면 슈퍼마켓이 낫지 않겠는가?

자본의 전략적인 마케팅 하나가 작가를 키울 수도 죽일 수도 있는 세상이다. 그렇게 성장한 화가들이 억 단위의 연봉을 받기도 하지만 궁상맞게 살면서도 그들이 마냥 부럽지만은 않은 이유는, 예술세계라는 것이 작가와 평생 함께 가야 할 길이라는 사실 때문이다. 물론 모든 예술작품이 거창한 이상만을 향해야 한다고는 생각하지 않는다. 그러나 좋은 작업으로 나아갈 수 있는 작가들이 자본의 논리 때문에 평생을 가지고 가야 할 예술세계를 지키지 못하고 실정묘리(悉精妙理, 심오한 묘리를 깊이 터득함)하지 못함을 보면 안타까운 것이 사실이다. 예술은 그것의 바탕 위에 꽃을 피워야 할 의무를 가지고 있기도 한데 말이다. 우리에게는 세상을 유유자적하면서도 크게 갈 수 있는 선비정신이 있고, 내 몸의 혼을 불어넣으며 다져갈 수 있는 장인정신이 있지 않은가.

'동원화랑'은 개관 30년의 역사를 가진 화랑이다. 크지 않은 공간이지만 전국의 이름 있는 작가들의 전시가 곧잘 열린다. 실내에 들어서면 전시공간의 우측에 좁고 길게 사무실이 자리하고 있는데 전시공간과 사무실 사이에 서너 평의 하늘을 들인 열린 공간, 작은 정원이 있어 주인장의 안목을 가늠케 한다. 20여 년 전 이곳으로 자리를 옮긴 화랑은 건물을 지으면서 전시 공간의 확대라는 실용성보다는 감성을 더 염두에 두었던 듯하다. 전시장과 사무실의 경계 한 가운데 있는 정원은 기와벽돌과 돌조각들로 장식되어 있고 한켠에 서는 맨드라미까지 자란다. 이런 작은 풍경이 전시장이라는 막힌 공간을 외부와 소통시킴으로써 정서적인 안정감을 준다. 공간을 대하는 또 다른 감각이다. 이렇게 섬세한 미감을 가진 동원화랑 대표는 정관훈과 술과 풍류를 함께 나눈 좋은 친구이자 동반자였으리라.

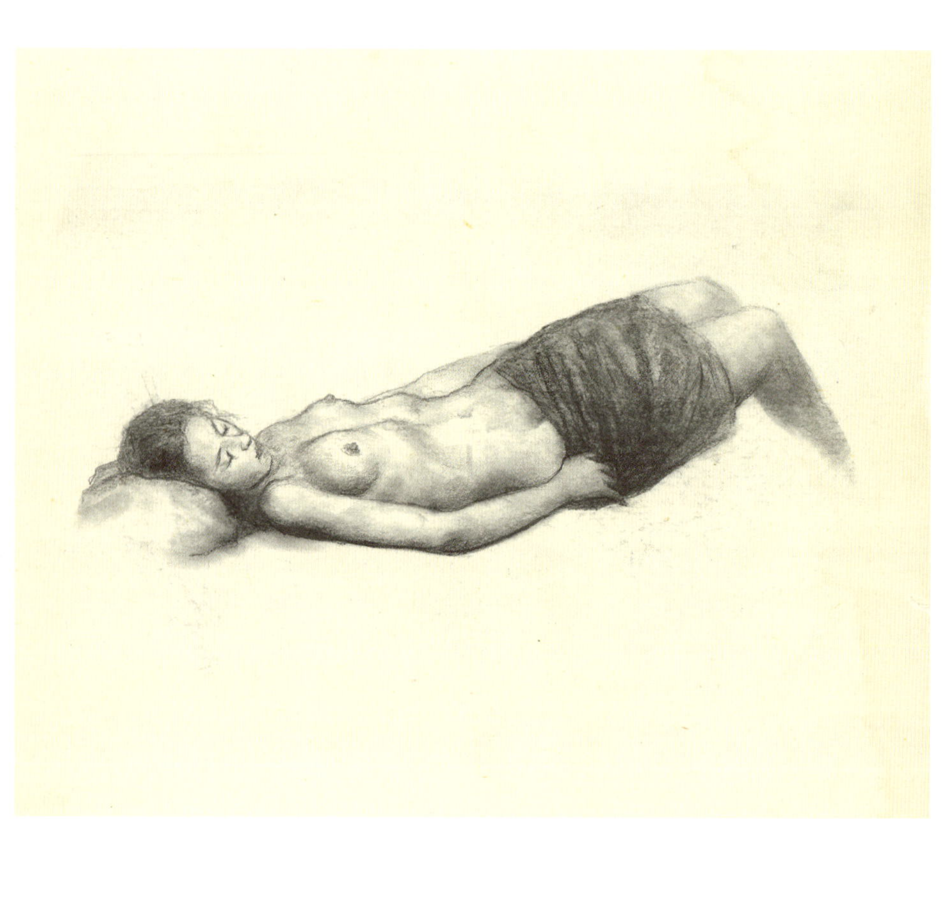

# 아름다운 동행

　모르는 사람들은 그림을 업으로 하는 사람들의 세계를 이상적이고 환상적인 직업으로 여겨 동경하기도 하지만 화가라는 직업이야말로 참으로 고생스럽고 인내가 필요한 직업이다. 어찌 보면 문화라는 미명으로 포장된 막노동에 다름 아니다. 가끔씩 우스갯소리로 '문화기초생활자'라는 말을 하는데 기초생활자라는 것이 막연한 이야기만은 아니다.

　어떤 직업이든지 어느 선에 도달하기까지는 역경들이 있겠지만 화가라는 직업이 가지게 되는 고생스러움도 만만치가 않다. 그러나 대부분이 제가 좋아서 하는 일이라 그 고생마저 행복으로 받아들인다. 모르는 이의 객관적인 시각에서 보면 궁상맞은 일이기도 하다. 화가란 그 궁상마저도 당당하게 받아들이는 자세를 수양하여야 제대로 된 화가가 되는 것이다.

　새로운 것을 창작해내고 자신만의 세계를 만들어가며 이상과 꿈을 함께 품으면서 자유로운 사고를 가져야 하는 그들은 현실 속에서의 가치 기준을 조금은 무시할 수 있는 스스로의 확신, 당당함을 가져야 한다. 그래서 화가의 가난은 궁색함이 아닌 멋이 될 수도 있고 나아가 현실 속에서의 자유로움이 될 수도 있는 것이다. 화가에게 가난은 부족한 결핍이 아니라 자신의 세계에 몰입할 수 있는 약이 될 수도 있으며 계속 그림을 그리고 있다는 것만으로 최선이 되기도 한다.

화가로서 당당함을 가지는 수련의 시작은 대학시절부터가 아닌가 싶다. 미술대학에서 무엇을 배웠나 생각해보면 이론과 실기를 겸비한 전공인 양성을 위한 상위교육기관의 커리큘럼에 의한 전문적인 교육보다는 학사촌이나 대학가의 문화 속에서 화가의 길을 가기 위한 정서적, 감성적인 훈련을 한 것이 아닌가 하는 생각이 든다.

이제 막 그림의 길에 들어선 청춘의 세월들. 화가가 되기 위한 열정 하나로 고생마저 멋이고 낭만이라 느꼈던 그 시절들. 80년대 학사촌의 문화는 결핍 그 자체이기도 했지만 그림의 길에 들어선 미대생들에겐 그 부족함들이 당연히 치러야 할 열정과 젊음의 객기이자 통과의례였다. 그것들은 자유로운 의지를 가져야 할 화가의 기본 자세이기도 했다.

손님들을 맞았다. 아니 내가 그들의 손님이었던 것 같다. 정관훈의 85학번 동기생들. 젊음이 가장 큰 힘이었고 재산이었던 시절, 대학의 학사촌 문화 속에서 동고동락했던 친구들. 그가 없는 지금, 미지의 그를 찾아가는 글을 쓰는 나를 위해 그들이 모여주었다. 화가란 지극히 개인적인 작업을 하는 이들이지만 그림을 그린다는 것

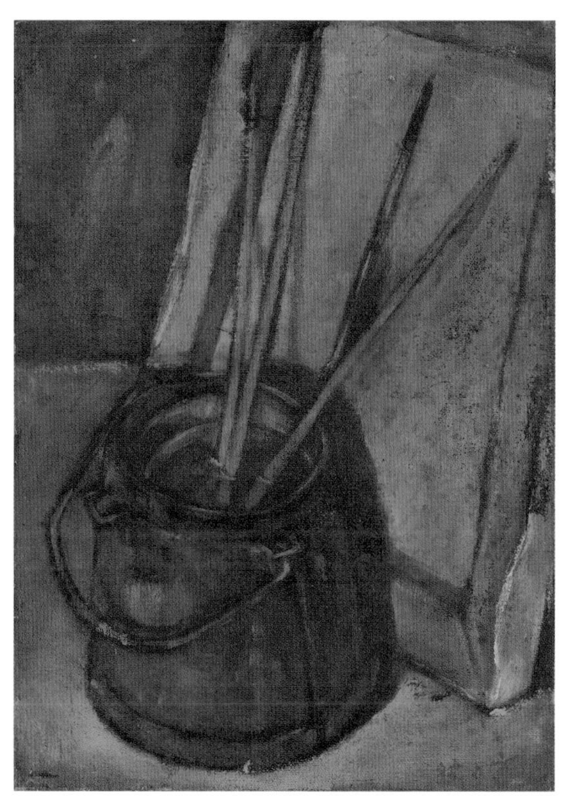

**유통이 있는 정물**  33.3 x 45.5cm  캔버스에 유채  1986

이 어떤 것인지 알기에 술 한 잔만으로 쉽게 친구가 되기도 한다. 그들의 이야기를 듣고, 그들과 이야기를 나누다 보니 나도 모르게 어느새 정관훈의 이야기 속으로 자연스레 동화되어갔다.

75번 버스 종점 주변에 위치한 떡볶이집, 치킨집, 기사식당, 호프집, 미대 학생들이 직접 열기도 한 카페들. 돈이 없어 밥을 굶기 예사였고, 연탄이 떨어지고 생활비가 떨어져 친구가 집에서 공수해 온 돈으로 같이 먹고 살아도 아무 거리낌이 없었던 시절. 나에게도 그들에게도 부족한 것뿐이었던 시간이지만 젊음과 낭만, 열정이 가득했던 향수 어린 추억이기도 하다.

정관훈은 그곳에서 언제나 멋스러움을 추구했다. 외모나 외형적인 멋과는 다른, 그는 사람으로서 더 바른 것에 대한 멋을 중요시하는 사람이었다. 차비가 없어도 돈을 빌리기보다는 몇 시간을 걸어서 집으로 가는 일을 택하였고 나이, 지위 불문하고 술자리에서의 술값은 언제나 제몫인 듯 폼을 잡아야 하는데, 분위기 파악 못하는 누군가가 계산이라도 하는 날에는 난리가 났었다 한다. 동행한 친구가 계산하면 모양새가 나겠구나 하는 자리에서는 친구를 위해 뒷주머니에 돈을 찔러주곤 했던 그는 사람 사는 세상에서 제대로 된 폼을 한 번 잡고 싶었나 보다.

폼生폼死, "인생 뭐 있냐." "님께서 가시는 길은 영광의 길이라 했는데 까짓 것 인생 뭐 있어, 가면 그만이지." 흥이 나면 나왔던 그의 넋두리를 개똥철학 취급하며 코웃음치곤 했던 친구들, 이제 그

넋두리는 지나간 날의 낭만과 멋으로 남았다. 개똥철학이었든 낭만이었든 그런 친구와 함께 가는 길이라면 어찌 마다할 수 있겠는가!

과거가 살아 있는 사람들, 현실을 살아가는 사람들 그리고 또다시 그 현실이 과거가 되어 그 시절의 궁핍한 낭만을 하나의 현실로 받아들일 수 있는 사람들. 그들은 그림을 그리는 사람들이 아닌가 싶다.

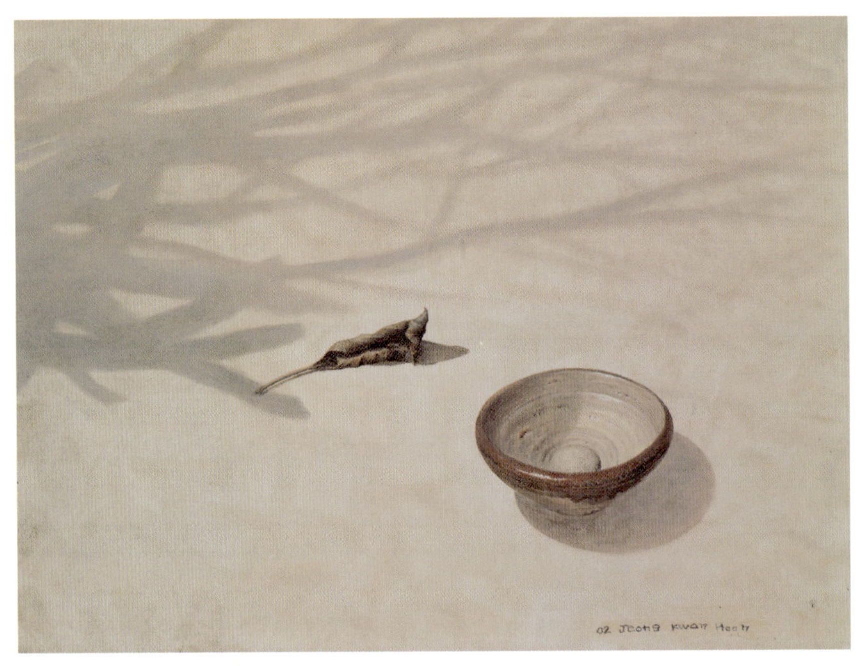



**가을 햇살**  53.0×41.0cm 캔버스에 유채  2002

가을날 드리워진 그림자는 지나온 발자취인양
사색에 잠기게 한다.

# 내 안의 성장

그 시절 그는 무엇을 꿈꾸고 사랑하는 아이였을까. 그 아이는 영주의 맑은 하늘을 가슴에 담으며 푸른 나무들을 눈 안에 가득 채우는 아이였을까. 숫기 없이 그림만 좋아하며 모범생이었던 아이가 수채화 도구를 들고 쫓아다니며 담곤 했던 그 이름들은 무엇이었을까.

까만 눈동자를 지닌 시골 아이는 고교시절, 대학에서 주최하는 실기대회에서 대상을 받았다. 계명대학교, 영남대학교 두 학교에서. 그래서 사람들은 아이의 재능에 많은 기대를 가졌다. 그 숫기 없던 시골 아이의 가슴에 담긴 파아란 하늘과 푸른 나무들은 그의 꿈이 되어 커져버렸다.

그날도 어김없이 포장마차 안에는 술잔을 기울이는 사내들이 있었다. 주인 아저씨가 굽는 고갈비 냄새가 마차 안에 가득했다. 동석을 한 사내들은 어수선하게 자리를 잡자마자 통성명을 했다. 먼저 깔끔한 슈트 차림의 사내가 인사했다. "저는 생산 공장에서 근무합니다." 그러자 한 사내가 눈살을 찌푸리며 못마땅한 표정이었다. 그가 슈트 차림의 사내에게 물었다. "왜 공장이라고 하십니까?" 슈트 차림의 사내도 언짢은 듯했다. 슈트 차림의 사내는 약간 퉁명스런 말투로 사내에게 술잔을 건네면서 "취하셨나 본데 약한 술로 하시지요." 하며 소주잔에 맥주를 따랐다. 이에 사내는 "저는 소주를 마십니다." 하며 잔을 받아 술을 입으로 털어넣었다. 이어서 사내는 맥주잔을 내밀더니 슈트 차림의 사내에게 소주를 가득 따르며 "적당하게 드십시오." 했다. 사내는 맥주잔의 3부 정도를 가리키며 말했다. "여기까지만 드시고 나머지를 주시면 제가 마시겠습니다." 슈트 차림의 사내는 얼굴이 붉어지며 소주를 한 번에 들이켜버렸다. 술잔이 쾅 하는 소리와 함께 동석한 친구들이 말릴 틈도 없이 순식간에 테이블이 엎어지고 그릇들이 쏟아지는 소리에 맞추기라도 하듯이 주먹들이 오갔다.

슈트 차림의 사내는 산부인과 과장이었다. 그에게 술잔을 따라준 정관훈은 생명 있는 것에 대한 경외감이 있는지 없는지도 모를 산부인과 의사가 생명이 태어나는 신성한 곳을 생산 공장이라 한 것에 분노하고 만 것이다.

어렸을 때와 달리 정관훈은 나이 들수록 타협을 모르는 단호한 성격이 되어갔다. 정관훈의 삶과 그림을 더듬어보기 위해 그에 대한 기억을 가진 이들을 많이 만났다. 그들이 하나같이 하는 말은

"그에게는 명분이 중요했다"라는 것이었다. 일상에서든 작업에서는 그는 자신의 가치관, 자신이 세운 명분에서 벗어날 경우 그 어떤 것도 받아들이지 못했다고 한다.

인간은 고통과 기쁨을 통하여 '정신적 사유'를 한다. 예술가의 광기, 편협스러울 정도의 아집이나 콤플렉스 등은 예술로서 치료하기도 하고 예술로 승화되기도 한다. 우리에게 잘 알려진 까미유 끌로델은 정신분열증에 빠졌었고 헤밍웨이와 고흐는 양극성 장애였으며, 미켈란젤로는 우울증을 가지고 있었고, 카프카는 강박증에 시달리기도 했다. 정관훈은 여린 감성을 가지고 있었지만 인간으로서 자신이 가진 명분에 너무나 충실하였기에 그것이 가끔 타인에게는 왜곡되어 보이기도 했다. 그러면서도 그의 작업세계에는 그로 인한 절실함이 있었다.

예술가들이 가진 왜곡된 성격이나 불완전한 존재감들은 창조성의 근원이 되기도 하고 그것에 침착(沈着)된 사상들이 예술작품으로 승화되기도 한다. 예술을 한다는 것은 '미완의 행위'이지만 그에 대한 절박함은 예술가로 하여금 그 반복된 행위를 하도록 하는 것이다.

정관훈에게는 사랑의 결핍에서 오는 집착이 있었다. 그래서인지 사람을 향한 그의 애정은 지극하였다. 그러면서도 사람을 무척이나 가렸으며 때로 사람에 대한 책임은 끝이 없다 생각하였기에 그의 모습이 불완전해 보이기도 했다. 사람을 사랑하는 자의 눈은

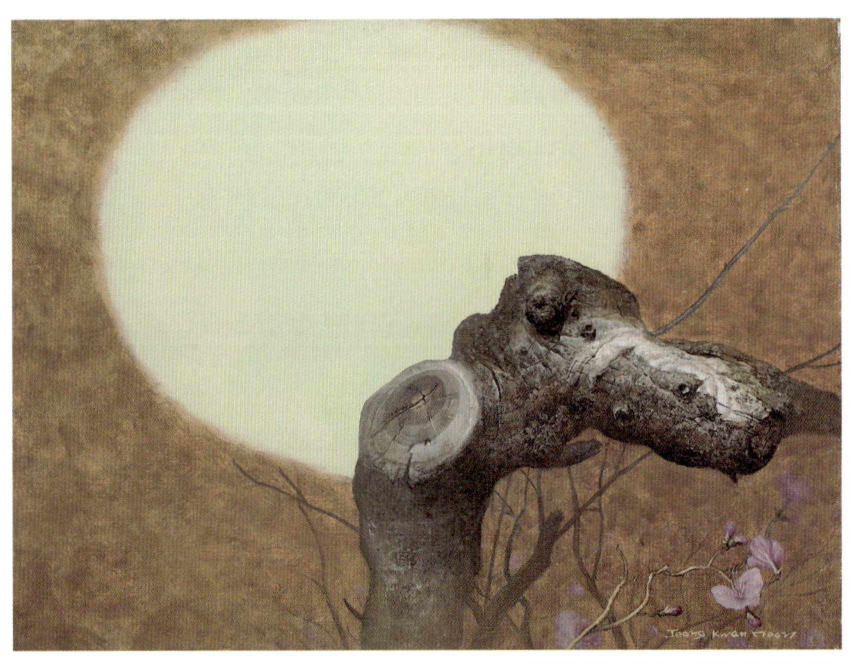

**보름달** 72.5×53.0cm 캔버스에 유채 2001

그가 그린 나무들은 언제나 잘려 있지만 꽃과 달이 있어
희망이 있다고 이야기하고 있는 것 같다.

뿌옇다. 그 환영과도 같은 사랑을 위한 행동들은 가끔 다른 것을 보지 못하게 하고 오로지 그것 하나에만 몰두하게 하기도 한다.

오늘은 다가올 듯하다가도 멀어져가는 그의 모습을 애써 붙잡으며 한 잔의 차를 마신다. 그리고 가끔은 불완전한 존재들이 가지는 몸짓들이 완전함보다 더 완전할지도 모른다는 상념에 잠긴다. 그 불완전함들이 있기에 세상은 그래도 아름다울 것이다.

# 우아한 사치

"그림 한 점 주시오."

작업을 하면서 창고에 쌓여가는 그림들을 보면 마음이 뿌듯하다가 무거워지기도 한다. 한번쯤은 작품을 골라내어 폐기처분이라도 하여 짐을 줄여보고픈 마음도 든다. 팔리지 않고 쌓여만 가는 작업이 부담스럽기도 하지만 자신의 작업에 대한 객관성을 가지고 싶어서이기도 하다. 많이 부족한 작품을 추려내기도 하고, 작업에 대한 필요 이상의 애착도 떨쳐보고 작업하는 마음을 다시 정비하고픈 마음 때문이다.

폐기처분할 그림 한 점 주라는 이도 있다. 하지만 그게 쉽지가 않다. 아무리 부족한 작품이라고 해도 애정이 모자란 것이 아니며, 그러니 그 작품을 그냥 내돌리고 싶지 않기 때문이다. 작품은 내게 의지하는 나의 온전한 창조물이 아닌가.

그림말고는 크게 가진 것 없었던 정관훈도 "그림 한 점 주소"라는 말이 싫었다. 성격이야 마음이 가면 무엇이든 주는 사람이었지만 작품의 가치는 화가에게 돈으로 환산되는 가치 이상의 무엇이기에 그리 할 수 없었다.

정관훈은 훌륭한 작가도 아닌, 유명한 작가도 아닌, 가장 비싼 작가가 되고 싶어했다. 그렇다고 그가 물질만능주의자였던 것은 결코 아니다. 정관훈이 비싼 작가가 되고 싶어했다는 말을 처음 들었을 때는 거침없는 그의 당당함이 민망스러웠다. 그러나 차츰 그를 알아가면서 그의 말이 어떤 뜻이었는지 알게 되자 나 역시 그의 생각에 동조하게 되었다.

이 좁은 땅덩어리에서 '예술가로 산다는 것'이 어떤 것인지를 알고 나자 그는 제일 비싼 작가가 되겠다는 마음을 먹었다. 비싼 물건이 잘 팔리는 나라 한국에서는 같은 물건이라도 비싼 값에 판다는 식의 국가별 차별 마케팅은 부당하다며 언론에서 떠들어대도 비싸야 팔리는 것은 맞다는 게 정관훈의 지론이었다. 백화점이 세워져도 좋은 자리는 명품 숍이 선점하는 나라, 그림에 관심도 없다가 누구누구 작품이 돈이 된다 하면 사고 보는 사람들, 몇십만 원짜리 그림보다 몇십만 원짜리 화장품에 관심이 가는 사람들.

문화로 먹고 사는 프랑스나 로마처럼은 아니더라도, 제발 우리도 폼 나게 작업하고, 폼 나게 그림 사고, 폼 나게 예술과 문화에 투자하는 나라라면 좋겠다. 몇 백 억 하는 그림이 있고, 영화 한 편이 몇 억 달러를 벌어들이고, 운동선수 한 명이 일 년에 100억 가까이를 벌 수 있는 세상인데 우리는 왜 이다지도 감이 느린지 답답할 따름이다.

물건을 생산하는 것과는 조금 다른, 작품을 창작하면서 오는

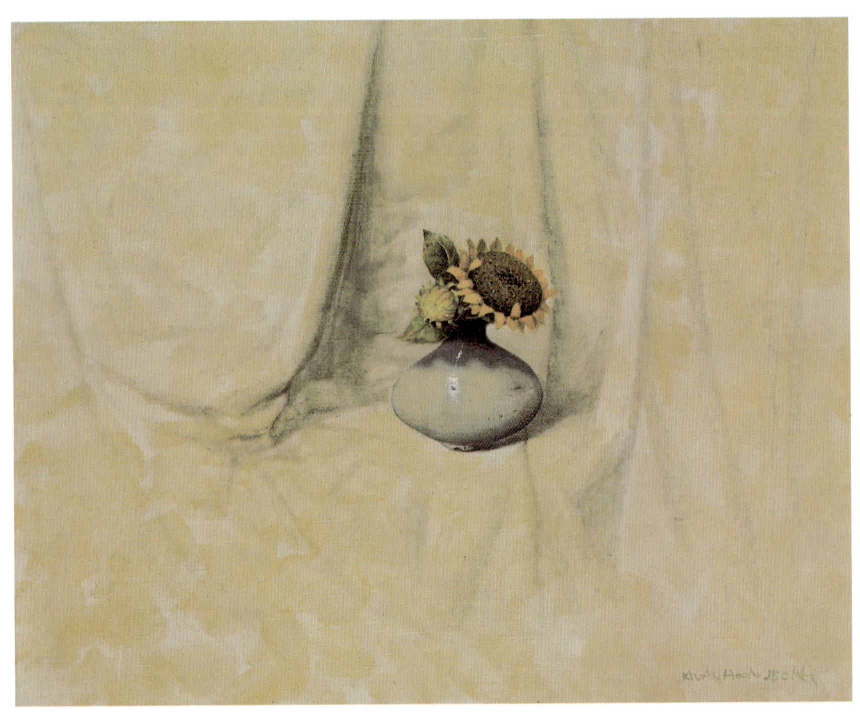

**그곳의 향**  65.2×53.0cm  캔버스에 유채  2004

그는 언제나 소통을 고민했다. 그 고민은 장식성에 대한 집착으로
표현되었으나 스스로 그 한계를 느끼기도 했다.
스스로를 향한 진정한 소통의 문을 열지 않고서는 세상을 향한 문을
열지 못한다는 것을 그는 뼈저리게 절감했다.

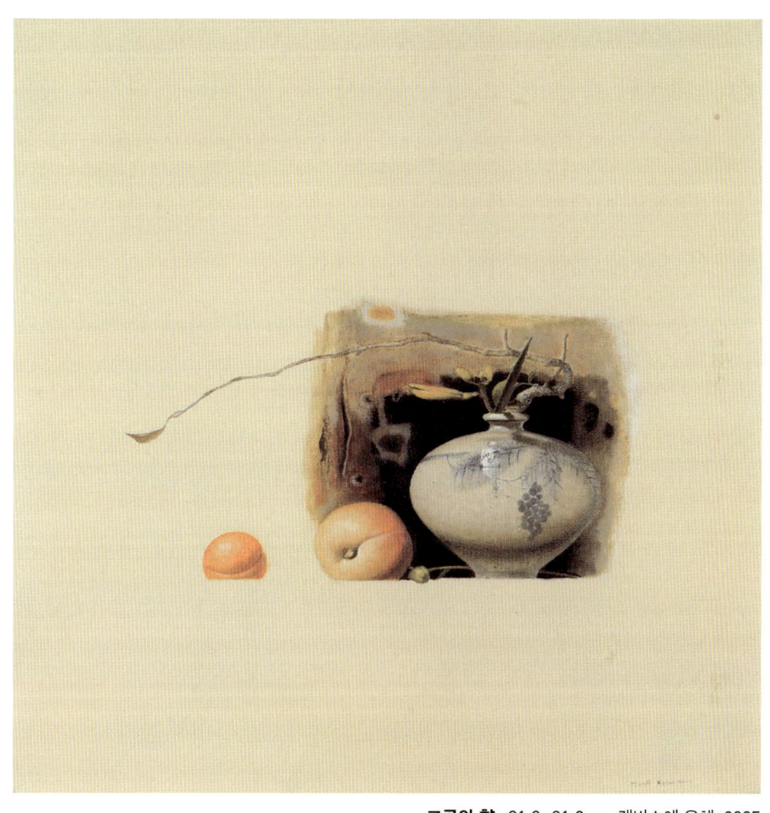

**그곳의 향**  61.0×61.0cm 캔버스에 유채  2005

영혼의 교감들. 작품은 작가가 천상과 교감하여 탄생시킨 핏덩어리이다. 과장된 표현이라고 할지 몰라도 작품을 대하는 화가의 마음은 그렇다. 작품에서 재화 이상의 가치를 읽어내고 그것에 대한 작가의 마음을 이해하는 사람에게라면 작품 하는 이는 누구나 그에게 자신의 작품을 기꺼운 마음으로 줄 것이다.

그림 한 점에 담긴 작가의 혼과 열정을 무시하고 노동의 대가만 생각하더라도 그림은 장식성 있는 상품으로서의 가치도 적지 않을 것이다. 얼마 전에 한 벤처 사업가와 이야기를 나누는데 그가 이런 말을 했다. "그래도 그림 값은 싼 것 아닌가요? 재료비, 작업실 대여료, 전시회 비용, 기타 활동비 등을 다 계산해보면 백만 원, 이백만 원 하는 그림값은 싼 것 같은데요." 거기에다 그림은 같은 상품이 있을 수 없는 단일 품목이고 화가의 열정과 혼이 담겨 있으니 알고 보면 값이 싸게 매겨진 것이라는 게 그의 설명이었다. 그 사람의 말이 얼마나 고마운지 그를 다시 보게 되었다.

팔려서 포장까지 해놓은 그림을 후배가 하도 탐을 내기에 가져가라고 했다. 그림 살 형편이 아니었는데도 후배는 선뜻 그림을 안고 갔다. 어두운 회색빛 산을 그린 그림이었다. 집에 걸어두자 가족들 모두 어둡다며 외면했지만 사는 것이 만만치 않았던 후배는 아침에 눈을 뜨자마자 그림 속의 산을 보면 알 수 없는 힘이, 희망이 느껴지고 그것이 행복하다고 했다. 그림을 준 나도 행복했다.

이것이 예술품이 줄 수 있는 행복의 가치이다. 어디선가 나를 닮은 그림, 나와 친구가 될 수 있는 그림을 찾아보시길…… 타자의 작업이 나와 관계를 맺을 때 감상의 가치가 생기게 된다.

시간이 흐를수록 화가의 활동이 활발해지고 그만큼 작품의 가치도 올라간다면 그런 사치는 부려볼 만하지 않을까. 명품 백 하나 가지는 사치보다 예술작품을 가지는 우아한 사치는 해볼 만하지 않을까.

정관훈은 엄청난 재화의 가치를 가질 수 있는 예술작품을 만들어보고 싶었던 것이다. 자신이 만든 작품이 문화유산이 되어 사회에 기여할 것이라는 야망을 품었을 것이다. 이만하면 그의 욕심 역시 정당하지 않은가?

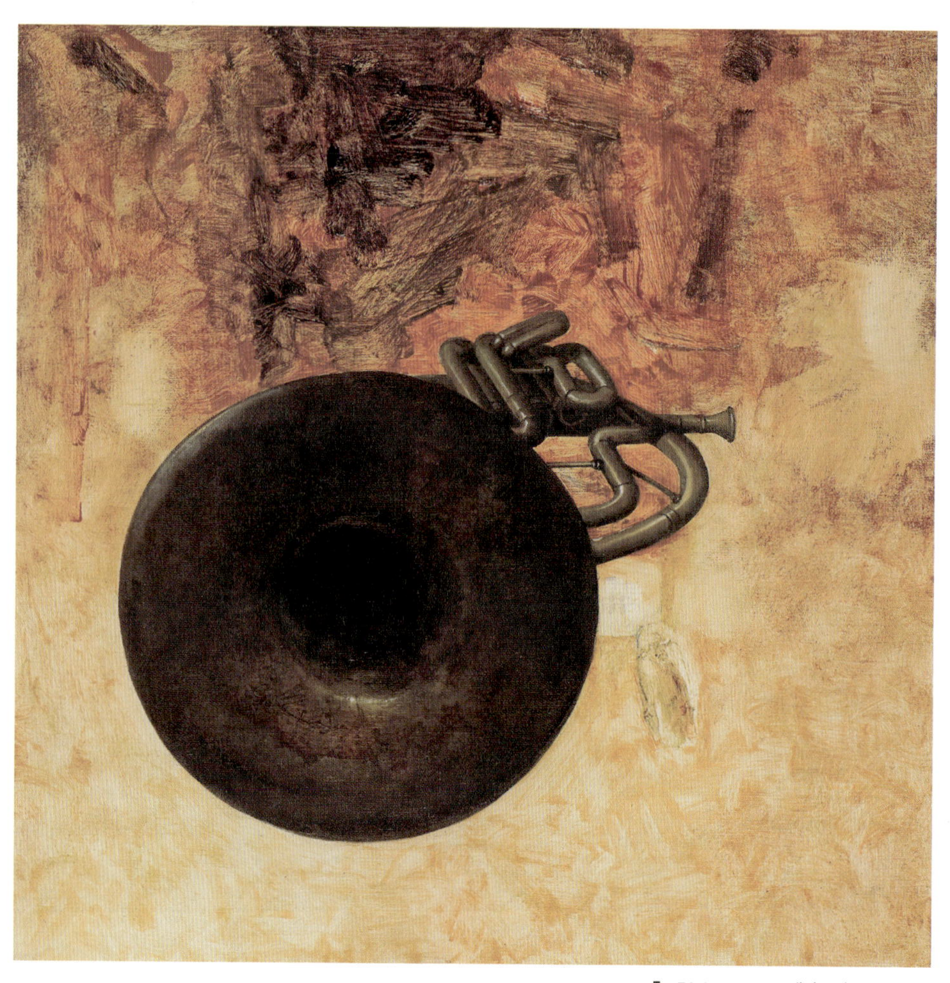

**혼**  53.0×53.0cm 캔버스에 유채  2005

악기라는 물건에 장인의 정신이 담겨 있다면,
화폭 속의 악기에는 화가의 혼이 들어 있는 듯하다.

# 극단의 긴장, 삶의 경계

정관훈은 너무나 진지했다. 술자리에서도 예술을 논하는 것이 일이었고 그가 가지는 작업에 대한 열정만큼 긴장감도 컸다. 어떠한 만남에서든 그는 작업에 대한 이야기를 먼저 꺼냈으며 생계 때문에 미술학원을 하면서도 많은 양의 작업을 해냈다. 그때 미술학원에서 한 달간 벌어들인 수입이 천만 원 남짓 되었는데도 그는 작업을 계속했다. 대부분 학원을 하면 작업에 소홀하기 쉽고 그 정도로 잘 운영한 학원에서 붓을 놓지 않고 작업을 한다는 것은 쉽지 않은 일이다. 그러니 그가 작업에 쏟은 열정을 알 만하다.

그는 스스로가 전업 작가이기를 원했고 경제력 때문에 작업을 하지 않는다는 것은 스스로 용납할 수 없는 일이었다. 그래서 경제적으로 잠시 풍족하였던 기간 동안에도 그는 작업에 대한 긴장을 놓치지 않으려 애썼다.

바쁘게 학원을 운영하면서도 작업을 놓지 않으려면 시간에 쫓길 수밖에 없다. 그러다 보면 모티브를 잡는 것이 바로 작업으로 현실화되었을 것이다. 당시 그의 작업들을 보면 소재나 표현이 너무 다양하다. 인물, 캔버스에 액자처럼 장식된 테두리가 있는 정물, 길

을 모티브로 한 작업, 나무등치 등 극사실적인 표현을 담은 작업
등. 작품을 정리하다 보니 그 다양한 표현들이 도무지 이해가 되지
않을 정도여서 심지어 이것은 변화가 아니라 변덕 아닌가 싶기도
했다. 그러다 어느 순간, 작업에 대한 극단의 긴장이 그로 하여금
이런 수많은 변화를 시도하게 한 것 아닐까라는 데 생각이 미치자
그 변화들이 이해되기 시작했다.

노래방이라면 끔찍이 싫어하는 내가 요즘 들어 노래방에 갈 일
이 가끔 생긴다. 억지로 노래를 부르지 않아도 된다는 확인을 받고
서야 친구들과 노래방에 들어갔는데 노래를 부르지 않아도 된다는
여유를 가지고 노래를 듣다 보니 그 노랫말들이 시 같다. 너무나 아
름답다.

나이가 들면서 노래를 부른다는 것, 글을 쓴다는 것, 그림을 그
린 다는 것 다 똑같구나 하는 생각이 든다. 그러다 보니 예전에는
대중가요라 가볍게 여겼던 노래들의 노랫말이 이렇게 아름다운 인
생의 서정을 담고 있구나 하는 마음이 생긴다. 이념과 의식을 추구
하던 젊은 날의 눈은 이제 세상을 바라보고 있다. 그래서 가벼이 여
기던 노랫말들도 단지 애절한 인생의 희,노,애,락이 담겨 있다는 이
유만으로 가슴 깊이 들어와 내 머릿속을 텅 빈 고요로 채워주는 것
이다.

그가 그리고 간 그림들이 이토록 예쁘다는 것을 처음에는 몰랐
다. 그냥 그가 이 그림을 그렸다는 이유만으로, 이 그림을 남겨 두

고 갔다는 이유만으로, 그의 그림에도 사연이 있다는 이유만으로
충분히 아름답다.

　예술이 가지는 미학적 형식이나 존엄성만으로 예술가에게 전
인격을 요구할 수는 없다. 한번쯤은 미술사조라는 것을 벗어던지고
작가의 진실성만으로 그림을 들여다본다면 하는 마음이다.

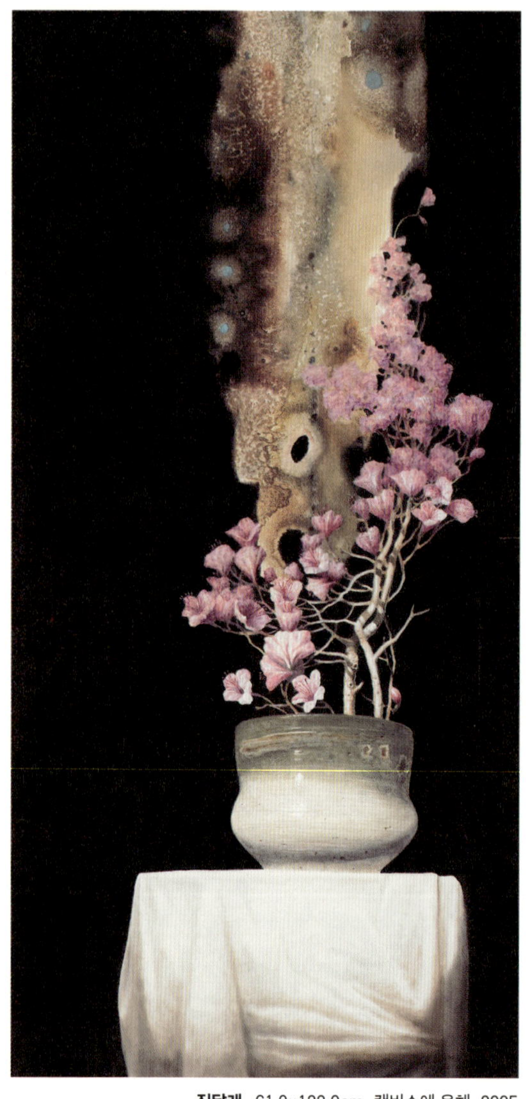

진달래  61.0×122.0cm  캔버스에 유채  2005

진달래는 어릴 적 산천에 흐드러지게 피었던 꽃이다. 그 시절
진달래는 순수를 향한 가녀린 몸짓이었다. 그러나 정관훈의 진달래는
잘리어 있지만 당당하고 도도하게 서 있다.

# 세상을 바라보는 창

건축가는 창을 내고 화가는 벽에 그림을 건다. 이 행위는 다르면서도 유사함을 가지고 있다. 건축가에게 창이란 내부와 외부를 연결하는 소통 구조로서의 기능만이 아닌, 창의 이미지나 크기 등에 따라 건축물에 상징적 의미를 부여하고 결국에는 건축물의 철학까지도 담을 수 있는 개념으로도 사용되지 않을까 한다. 화가도 그림을 그리면서 겉으로 보여지는 현상뿐만이 아니라 작가 자신의 철학적 세계까지도 담고자 노력한다. 그리고 건축가가 창을 내듯 화가는 공간적인 이미지나 개념에 따라 그림을 건다.

언젠가 책에서 본 작품 한 점이 오래도록 그림을 그린다는 것은 어떤 것인가 하는 생각을 하게 했다. 그 그림은 어느 날 갑자기 내게 다가왔다. 서양미술사의 중세 미술을 공부할 즈음이었다. 서양미술사에서 중세의 중심은 '신'이었고 그 시대의 작품은 인간이 신에게 좀 더 다가가고 신을 찬양하기 위한 예술로 존재할 뿐이었다. 하지만 중세 말에 마사치오(Masaccio, 1401년~1428년 이탈리아에서 출생하여 회화에서의 원근법을 사용하여 그림을 그린 최초의 화가)라는 작가는 "성삼위일체"를 표현함에 예수의 모습을 신격으로

작가는 서양 배를 테이블 위에 올려놓은 정물을 그렸다. 그러나
그림이 주는 우연적인 발상이 가지는 즐거움을 보태보자면 열두 제자들과
예수님의 '최후의 만찬'이 연상된다. 공교롭게 과일도 열셋이다.

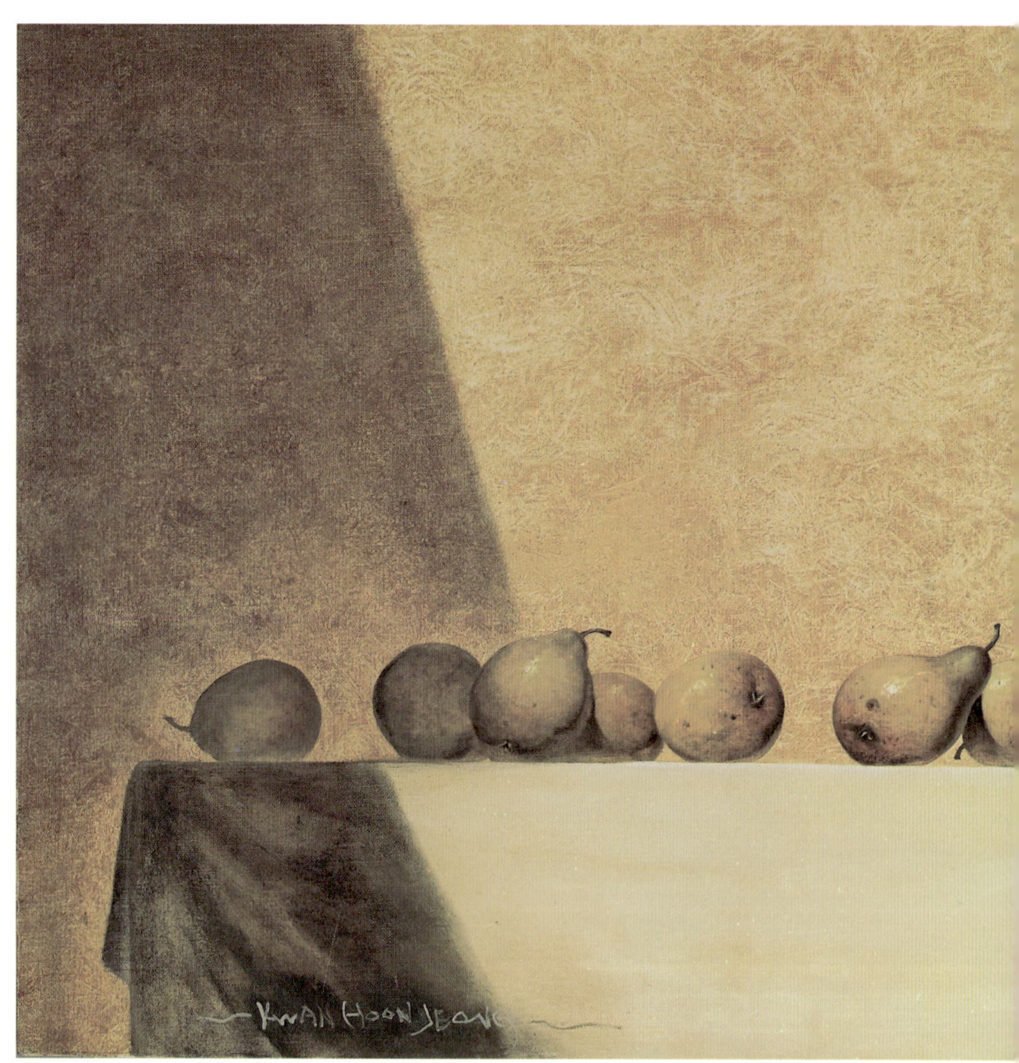

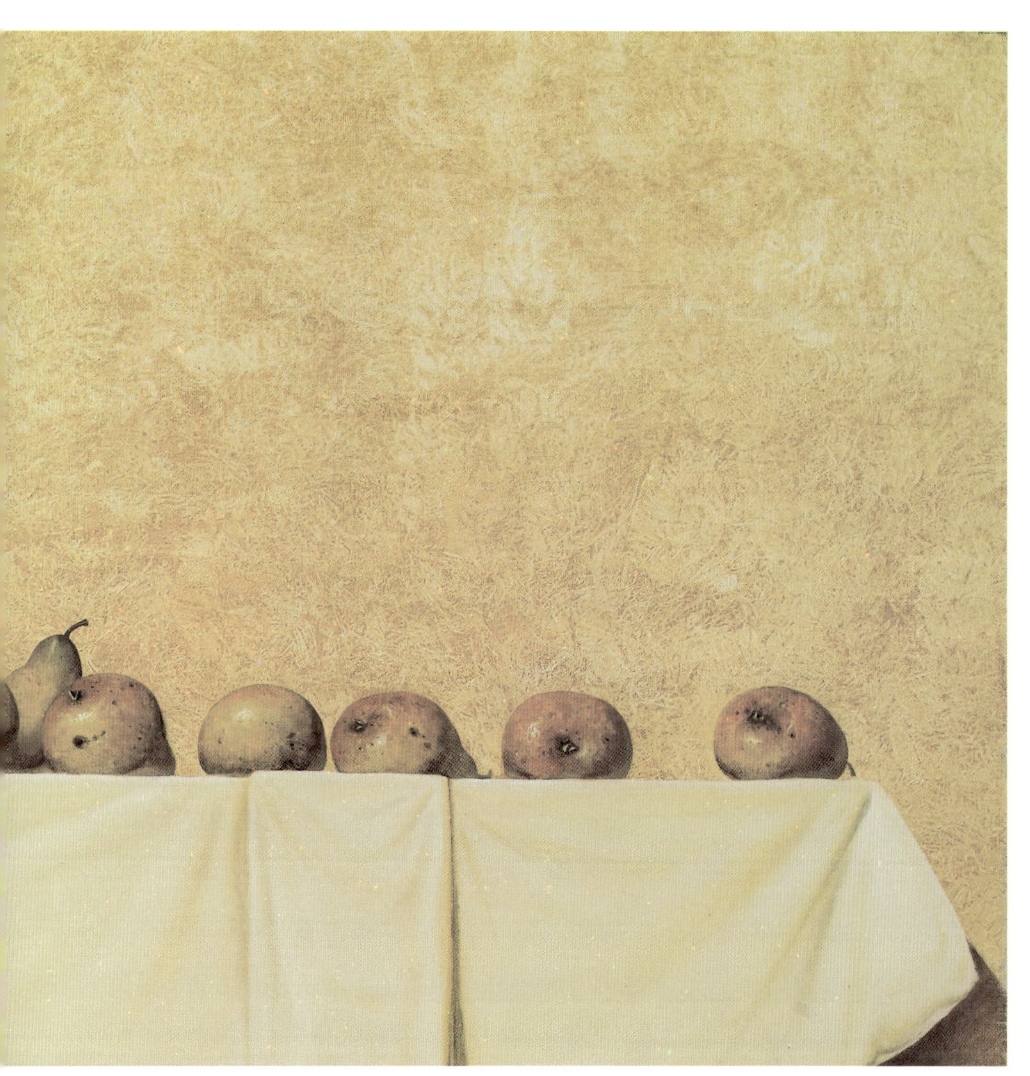

**사색**  122.0×61.0cm 캔버스에 유채  2005

전형화시키지 않고 인간의 모습과 같이 표현했다. 예수의 모습이 인간의 그것과 같이 피가 흐르고 근육이 살아 있는 듯 표현하였던 것이다.

나는 마사치오의 "성삼위일체"를 보면서 중세의 누군가가 그 그림을 처음 대했을 때 느꼈을 법한 흥분과 경이와 두려움을 느꼈다. 아마도 그 그림을 감상하는 것 자체만으로도 중세인은 죄인이 되었을지도 모를 일이다. 하지만 혁명의 씨앗은 두려움을 벗어던질 수 있는 자의 이상으로 시작됨이 분명하다. 마사치오 이후 르네상스인들은 진정 신과 가까이 하기 위한 삶은, 인간이 스스로를 믿고 하느님이 주신 인간적 삶에 충실하게 사는 것임을 깨달았으며 그 시대 화가들은 신화의 영역을 살과 피가 흐르는 인간으로 표현함을 서슴치 않았다.

2000년 겨울, 정관훈은 평소 가까이 지내왔던 동원화랑 대표에게 뉴욕에 갈 것이라는 이야기를 했다. 그러자 대표는 이렇게 물었다. "자네 그림 갖고 뉴욕에는 왜 가려고? 뉴욕 가서 배울 게 뭐가 있다고?" 누구보다 정관훈을 아끼기에 곁에 두고 싶은 마음 반, 그를 향한 진심과 애정 어린 충고 반이었다. 정관훈은 평소의 그답지 않게 직설적인 충고를 묵묵히 받아들였다.

그의 이전 작업들은 끊임없는 다양한 시도에도 불구하고 보이는 형태를 담는 묘사 위주의 구상적인 작업이 대부분이었기에 화랑 대표가 보기에는 미국행 결심이 작품과는 연결이 안 되어 보일 수도 있었을 것이다.

내가 처음 그의 작품을 대하였을 때는 그의 작품이 어떤 부류에 속해 있다는 생각을 했다. 달이 있는 풍경들, 길이 있는 풍경들, 여백이 있는 정물들도 어떤 부류에 머물러 특별하게 달라 보이지 않은 것이 사실이다. 하지만 그의 많은 작품들을 하나하나 들춰보고 시대별로, 경향별로 묶어보며 수작들을 추려내면서 느낀 것은 얼핏 보기에는 어떤 부류에 속해 있어 보이던 그의 작업들이 정관훈 그 이상도 그 이하도 아닌 그만큼이라는 것이었다. 그는 자신만의 색깔을 만들어가고 있었던 것이다. 많은 작가들이 비슷한 소재로 작업을 하여도 결국 작가의 느낌이 제대로 배어 있는 작품은 그 사람만의 작업으로 완성되어 독자적인 빛을 발한다. 세상에는 수많은 달 항아리가 있지만 좋은 작업에서는 그것을 빚은 도공의 흔적을 찾을 수 있는 것과 같다.

그러나 그는 자신의 작업 전체에 대한 객관적인 평가를 스스로 내렸을 것이다. 그의 작품에서 보이는 구상적인 표현과는 달리 그는 내용에 대한 고민을 많이 했다. 그가 그린 고향의 모습은 단지 시골 풍경으로만 보일 수도 있으나 그는 그곳에 길이라는 화두를 집어넣어 인간의 내면에 대하여 이야기했고, 달이 있는 고향집을 통해서는 회귀하고픈 인간의 본성에 대하여 이야기하려 했다. 또한 그림 속의 나무들은 존재의 확인과도 같이 무언가를 갈망하고 있었다.

그는 이처럼 끊임없이 자신의 작업 내용에 대하여 고민했다.

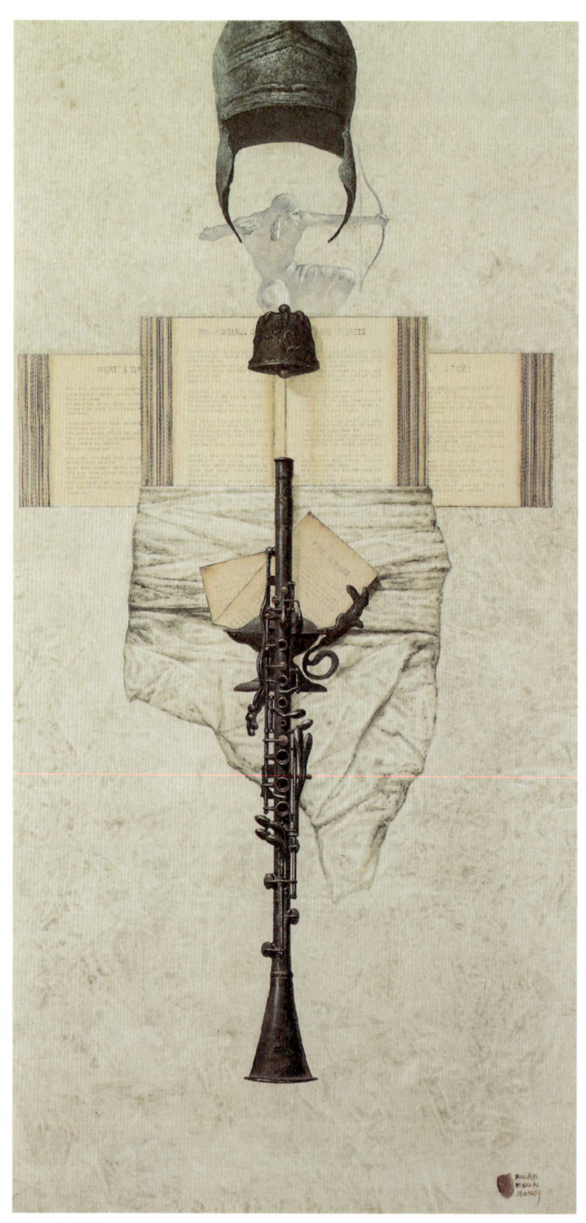

공존  61.0×122.0cm 캔버스에 유채  2004

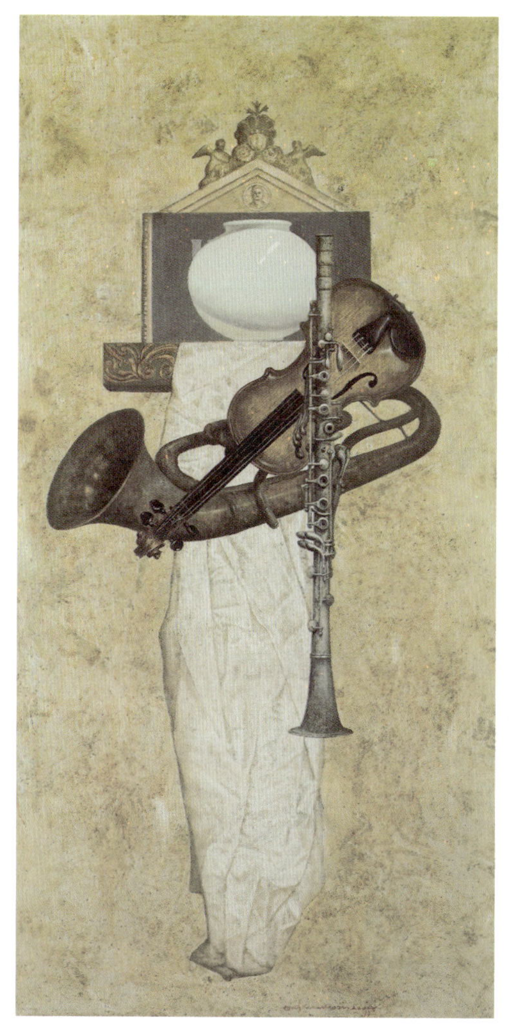

**공존** 61.0×122.0cm 캔버스에 유채 2004

정관훈은 토요일, 일요일 아침이면 악기뿐 아니라 소품을 구하러
뉴저지 여러 동네의 창고 세일하는 곳을 돌아다녔다.

그러나 정작 표현은 고민들을 앞지르지 못하였기에 그는 더욱 답답
해했으며 갈증을 느꼈다. 또한 그는 '창'이 가지는 상징성을 이해했
지만, 자신이 가진 내면의 세계를 담기에는 스스로 자신의 모든 것
에 익숙해져 있었고 식상해져가고 있었다. 그것을 스스로가 느끼기
시작한 것이다.

내가 마사치오의 그림을 통하여 중세를 들여다보며 세상을 향
해 '창'을 열었듯 정관훈은 뉴욕에서 자신이 선택한 악기를 통해 세
상을 향한 '창'을 열었다. 그의 갈망은 그림에 대한 그의 열정만큼
이나 강했기에 그는 현실을 초월하고 싶어했고 악기 시리즈를 통하
여 자신이 바라볼 세계에 다가서게 된다. 편하게 모국에서 작업을
할 수 있었지만 그는 머무를 수 없었다.

하지만 미국에 가기 위해 정리한 전재산을 집안 사정으로 모
두 잃게 되었다. 미국으로 갈 차비도 없는 상황이었지만 주위의 도
움으로 결국 그와 그의 가족은 뉴욕행 비행기에 오르게 된다. 어떠
한 상황도 그의 의지를 꺾을 수 없었다. 절박한 상황에서 그는 자신
을 좀 더 넓은 세계로 내몬 것이다. 그것은 그에게 혁명과 같은 것
이었다. 그는 편협하고 옹색한 작가주의를 떠나 비상하고 싶어했으
며 그것을 기회로 자신이 지켜온 삶에서 벗어나 또 다른 삶에 다가
갔던 것이다.

미국에서 작업한 악기 시리즈는 그에게 현실을 초월하면서도
현실을 확인시켜주는 계기가 된다. 그것은 그가 갈망한 세계를 연

결하는 '창'이었다. 건축의 창처럼 미술도 창을 가지고 있다. 건축의 창이 공간적 개념이라면 미술의 창은 시공간적 개념일 것이다. 그림 하나가 생각의 고리를 만들 수 있듯 창을 내는 방법만 이해한다면 사람들은 그 창을 통해 자신과 다른 세계를 연결할 수 있을 것이며 입장과 세계관에 따라 그 창의 형태를 달라지게 할 수도 있다. 그것이 미술이다.

스스로 만든 창은 그것이 역사를 바라보는 창일 수도, 사회를 바라보는 창일 수도, 오직 자신만을 들여다보는 창일 수도 있다. 어떤 창이 되었든 그런 창이 있는 것과 없는 것은 엄청난 차이가 있다. 미술이 사회를 표현하듯 자신만의 창을 통하여 자신만의 세계를, 더 나아가 세상을 들여다본다면 우리의 삶이 조금 더 행복해지지 않을까 한다. 때로는 그림이 삶의 직관이 될 수 있기 때문이다.

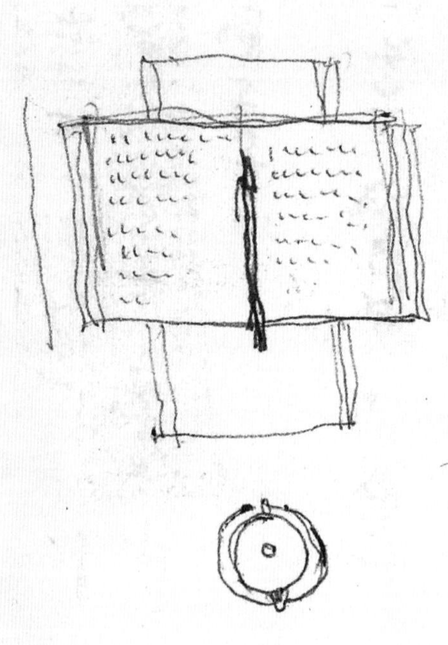

# The Way

사람은 소우주이다.

정신은 하늘이고 육신은 흙이다.

그래서 사람이 죽으면 영혼은 하늘로 가고

육신은 흙으로 가는 것이다.

다시 말해 사람은 하늘과 흙의 합성체이고

소우주인 것이다.

나는 그것을 소재로 한다.


여유로워 보이는 배경은 하늘을 의미하고

길이란 흙을 의미한다.

거기에 사람이 존재한다.

걷고 있는 것이면, 삶의 진행인 것이다.

그 진행에서 길의 시작과 끝은 보이지 않는다.

현실의 길이 아니라, 인간 내면의 길이며

정신세계의 길이기에 더욱 더 그러하다.

인생이란 하나의 뜻을 두고, 일관성 있게
살아가는 사람들의 것이 아닐까.
살아 있고, 살아간다는 것에 대한 감사와 은혜를 알고
강인한 의지를 가진, 진정 그들의 것이리라.

지나온 길은 무조건적인 쓸쓸함과 허무가 아니라
저만큼 걸어간 거리만큼
인생의 추억과 향수가 길게 서 있었을 것 같고
가끔은 그리움으로 예쁘게 다가서는
향기가 되기도 하리.

나는 그것을 그리고저 한다.
—관훈

# 제3부
# 길고 길어 끝이 없네

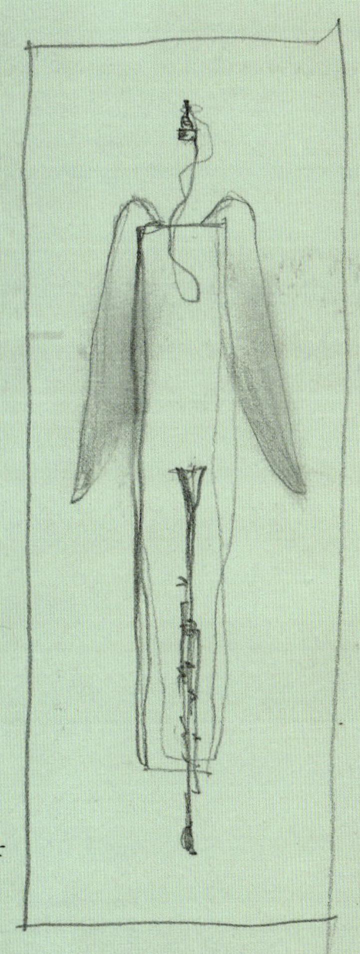

내 자신의 소리에 너무 치우쳐 있었는지
도무지 뭐가 뭔지도 모르며 헤매고 있지만
지금까지 그려왔던 것을 그리기가 싫은 것은
지금 내가 느끼고 있는 마음이다.
—관훈

# 그리운 사랑

경북 영주에서 자랐다
친구는 마을 앞 넓은 강
첨벙첨벙 뛰어다니다 보면
이내 서산으로 넘어가는 해

곱고 깨끗한 모래 위에 누워
낮에 나온 반달과 푸른 하늘을
양팔 크게 벌려 가슴에 담는다.
저녁이면 저 끝에서 은하수와
그리도 곱던 별빛
가끔 한두 개의 별똥별이 빛을 발하면
마음속으로 빌어보던 소원

안개가 깊어서 세상을 먹던 날
꺼질 듯 꺼질 듯 다가서는 기차소리는
소백산 끝자락에 울던 부엉이와 함께

이적지 오랫동안 기억에 두었나 보다


새벽으로 가는 시간
세상의 소리는 모두 꺼졌고
아직 남은 빗소리가 황홀하다
가슴속을 긁어낸 담배연기로
못다 이룬 하루를 달래어본다


2005년 2월, 겨울비 내리던 날
—뉴욕에서 정관훈


노스탤지어, 인간이 만들어낸 영원한 서정성을 가진 소재이다. 넓은 강, 푸른 하늘, 빗소리…… 이러한 고향의 서정을 잃어버린다면 인간의 역사는 지금보다 더 어두워질 것이다. 새로운 발상의 소재들이 나온다 하더라도 인간의 깊은 내면에 잔잔한 울림을 줄 수 있는 것으로는 이 이상이 없을 것이다. 텅 빈 마음의 공백을 채워주고 인간사회의 질서를 유지시켜줄 수 있는 인간적이고 근원적인 소재, 노스탤지어.

정관훈, 그의 작품세계에 짙게 깔리는 그림자는 향수, 그리움이다. 일찍이 집을 떠나 영주에서 학교를 다녀야 했던 그는 그곳에서 동부초등학교, 영주중학교, 영주고등학교를 졸업했다. 그에게 영주는 고향보다 더 고향 같았을 것이다. 그러나 어려서 너무 일찍 부모와 떨어져 누나들과 생활을 하며 유년을 보낸 그는 정을 그리워했다. 그의 작품 속에 나타난 그리움은 자신의 기억 속에 자리 잡고 있는 유년에 대한 반추(反芻)일 것이다.

행복에 대한 본능적 지향, 본질적인 대상에 대한 그리움들. 그것은 인생을 회귀하는 경험이 아니던가. 시간이 흐를수록 각인되어 돌아보게 되는 향수는 내면의 상처를 치유하는 힘을 가지고 있다. 그가 고향에 대한 시를 지었듯이 작업을 하면서 그려진 대상들은 그가 붙잡고 싶었던 그리움일 것이다. 그것은 허상이나 상상이 아닌 현실을 전제로 한 작가의 내적 충동이다.

우리는 예술작품도 과학화할 수 있는 시대를 살고 있지만 이 시대의 합리성이나 논리성만으로는 채울 수 없는 삶의 정서가 있다. 사람들의 이성과 감성의 균형을 조율하여 행복한 삶을 지향하도록 할 수 있는 그 무엇이 있다면 그 하나가 예술일 것이다. 정관훈이 추구한 예술세계도 자신의 내면을 어루만지는 삶의 긍정을 향한, 순수를 향한 그리운 몸짓이었을 것이다. 아마도 그는 그것만으로도 충분히 행복한 사람이 아니었을까 한다.

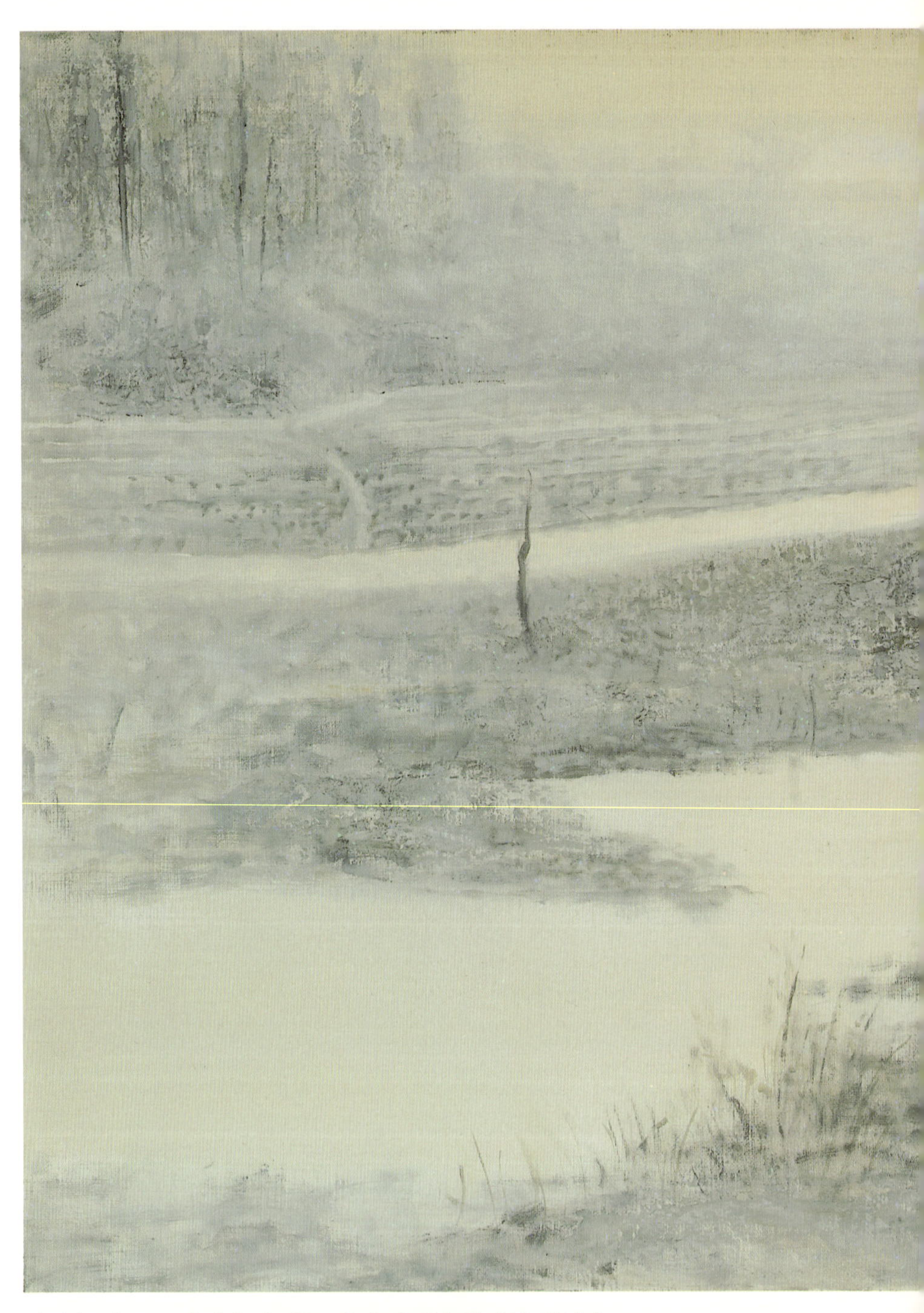

사생을 하는 그의 가슴 속에는 이미 자연이 들어와 있었다.

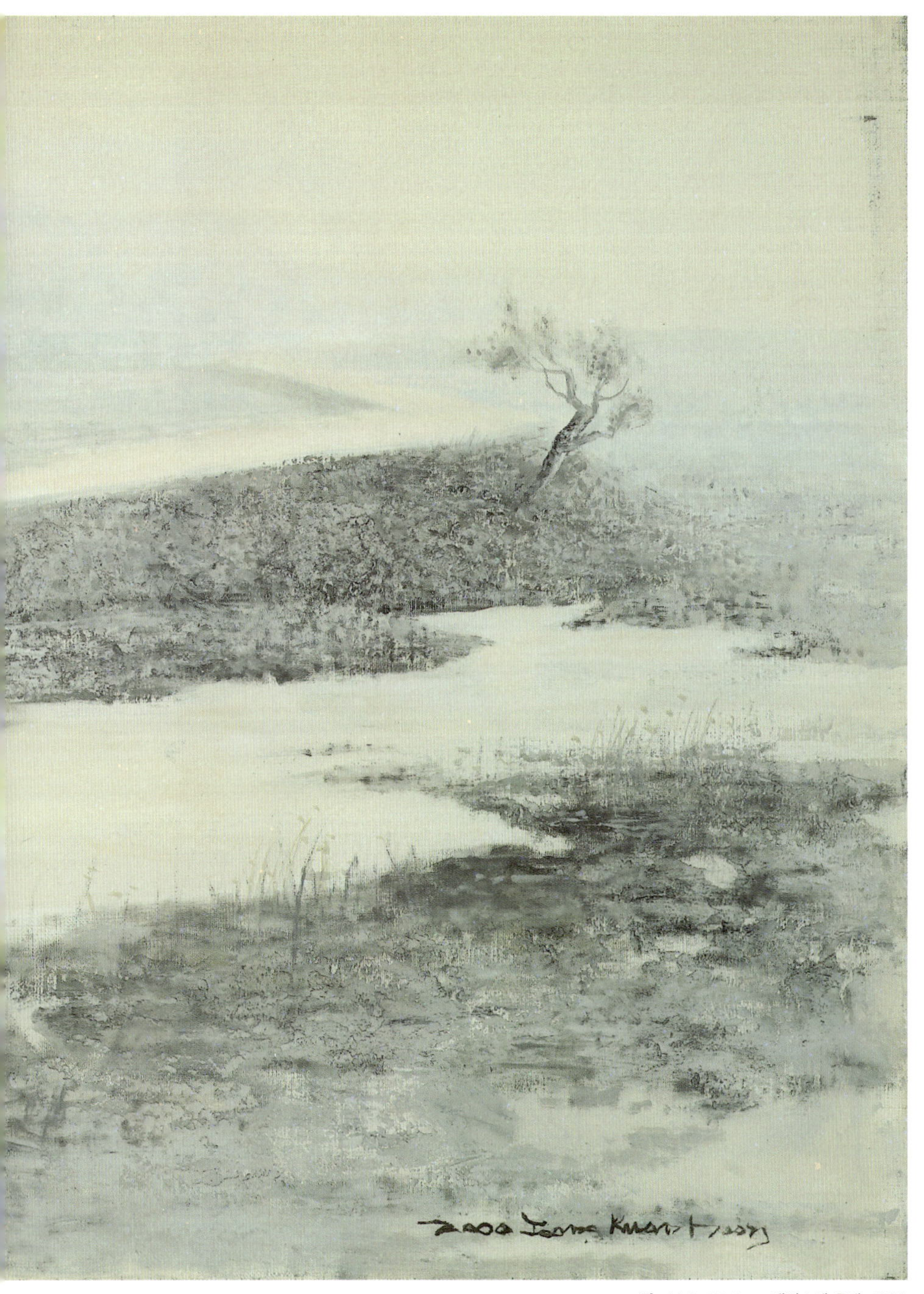

길  91.0×60.6cm  캔버스에 유채  2000

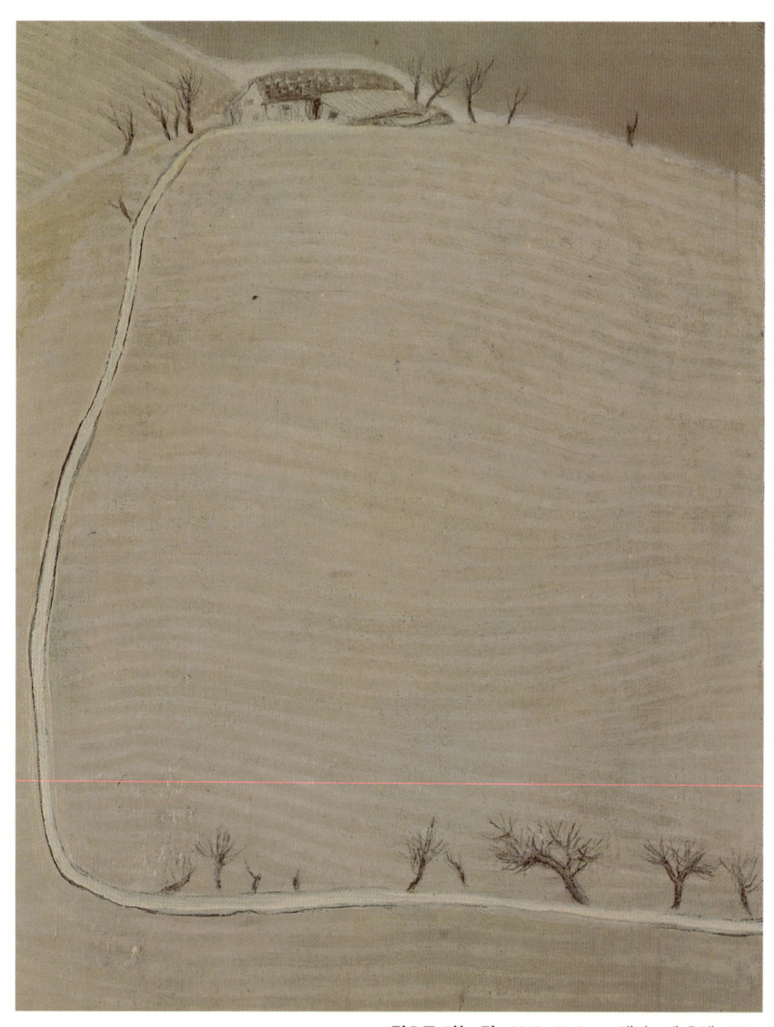

**집으로 가는 길**  32.0×41.0cm 캔버스에 유채  2000

밭두렁의 선들이 길과 어우러지면서 집을
돌아 감싼 느낌에서 평화로움이 느껴진다.

# 달을 품은 아이

정관훈의 고향 예천은 나지막한 산세와 아직도 조막조막한 옛 집들이 눈에 띄는 그의 그림 속 마을과 같다. 보름달이 떠 있는 그의 그림을 보고 있노라면 고향집 마당에 달빛이 가득 차들어오고 그 달빛이 부르기라도 하듯 누군가가 식구들을 부르며 앞마당에 들어설 것만 같다.

작품을 통하여 작가의 삶이나 심리를 유추해내는 것에는 언제나 불확실함이 개입되어 있다. 그러나 가끔씩 작가가 남기고 간 메모나 노트들이 남아 있다면 그것은 작가에 대한 확신의 열쇠가 되기도 한다.

정관훈은 노트보다는 작은 종이나 손에 잡히는 아무 종이에나 메모를 남겼다. 그것은 때로 스케치북일 때도 있었고 팸플릿의 뒷면이나 한귀퉁이가 되기도 했다. 아무 데나 남긴 메모니만큼 형식도 크기도 마음대로였다. 어떤 때는 깨알 같은 글씨로, 어떤 때는 거침없이, 어떤 때는 정중하게 자신에게 다짐이라도 하듯 바른 글씨체로 자신의 생각을 옮겨놓았다. 나는 넋두리 같은 그의 이야기에 귀를

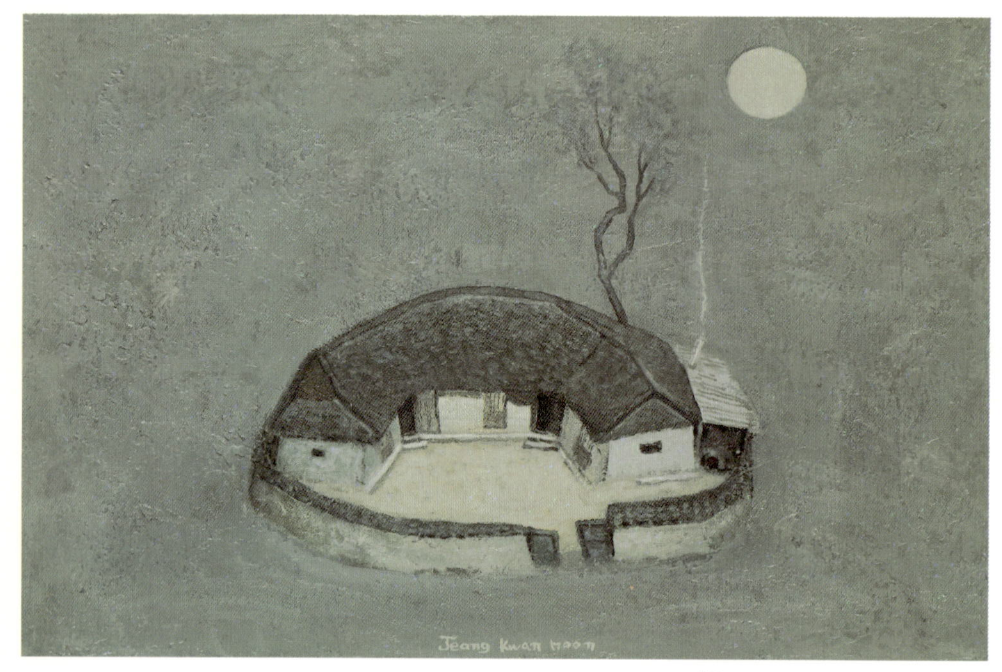

**기억**  53.0×33.3cm 캔버스에 유채  1999

달빛은 고향집 앞마당을 가득 채우고 있다.
그리고 그는 마냥 그곳을 바라보고만 있을 뿐이다.

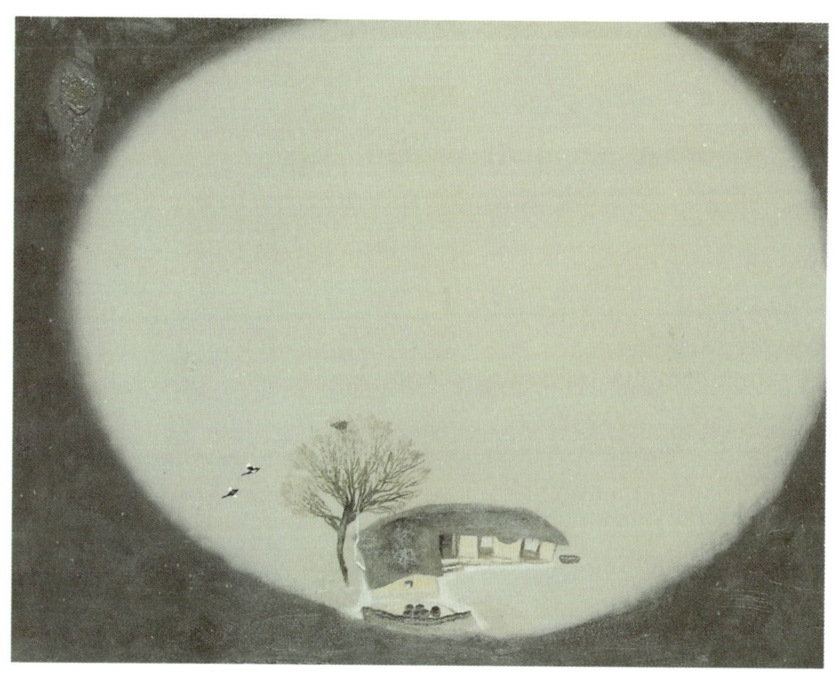

**기억** 91.0×60.6cm 캔버스에 유채 1999

인간의 넉넉한 마음을
꽉 차 더 이상 커질 수 없는 달로 표현했다.

기울이며 그가 찾아간 고향집에 조심스레 발을 들여놓는다.


　넓은 대지 위에 보름달이 조용히 숨 쉬는 곳.
　자신이 살고 보며 지내왔던 작은 집……


　어떤 이는 행복한 기억만을 가슴 속에 남기기 원하며 어떤 이는 행복하지 않기에 자신이 행복해지기를 원한다. 그는 어떤 마음이었을까.
　그의 어린 기억 속에는 가족들과 함께했던 자신만의 작은 집이 있다. 세월이 흘러 나이가 들어도 가슴 한 자리에는 언제나 지워지지 않는 그만의 작은 집이 있었다. 그런 그의 작은 집에는 언제나 달이 함께 한다. 마치 그 집을 떠날 수 없는 존재처럼.
　그 달은 꽉 찬 희망으로 부풀어올라 잡히지도 않고 잊혀질 수도 없는 채 그곳에 떠 있다. 그는 작품 속의 달을 통하여 자신의 마음을, 사람들의 마음을 담고자 했는지도 모른다. 어떤 때는 투명한 달빛으로 속이 비칠 것만 같은 선한 모습으로, 어떤 때는 무언가 부족한 듯 작은 모습으로, 그러기에 존재감을 확인시키기라도 하듯이 더 이상은 커질 수 없는 달의 모습에 의미를 덧붙여갔다.
　집안이 어려워서 일찍부터 부모를 떠나 지내야 했던 그는 유년의 기억 속에 있는 희망을 세상 사람들에게 이야기해주고 싶었던 것 같다. 그가 가슴에 품은 달이 세상을 바라보듯 그의 세상이 담겨 있는 그림 속 달을 가만히 들여다본다. 그 아이가 잃어버리지 않으려 했던 작은 이야기가 들리는 듯하다.

'달을 품은 아이'를 가슴 속에 새기며 내 책상 한 곳에 놓여 있던 그의 메모를 천천히 읽어본다.

작업실을 나와,
밤하늘에 불어버린 한 모금의 담배.
젊은 날의 감성과 잊혀지지 않는
어린 시절의 기억은
내게 조그만 미소를 준다.
—1994년 3월 어느 날 저녁 9시

유년의 기억 속에 남아
있는 가족애를 보름달
아래 고향집으로
담아내고자 하였다.

**기억**
53.0×45.5cm 캔버스에 혼합재료  1999년

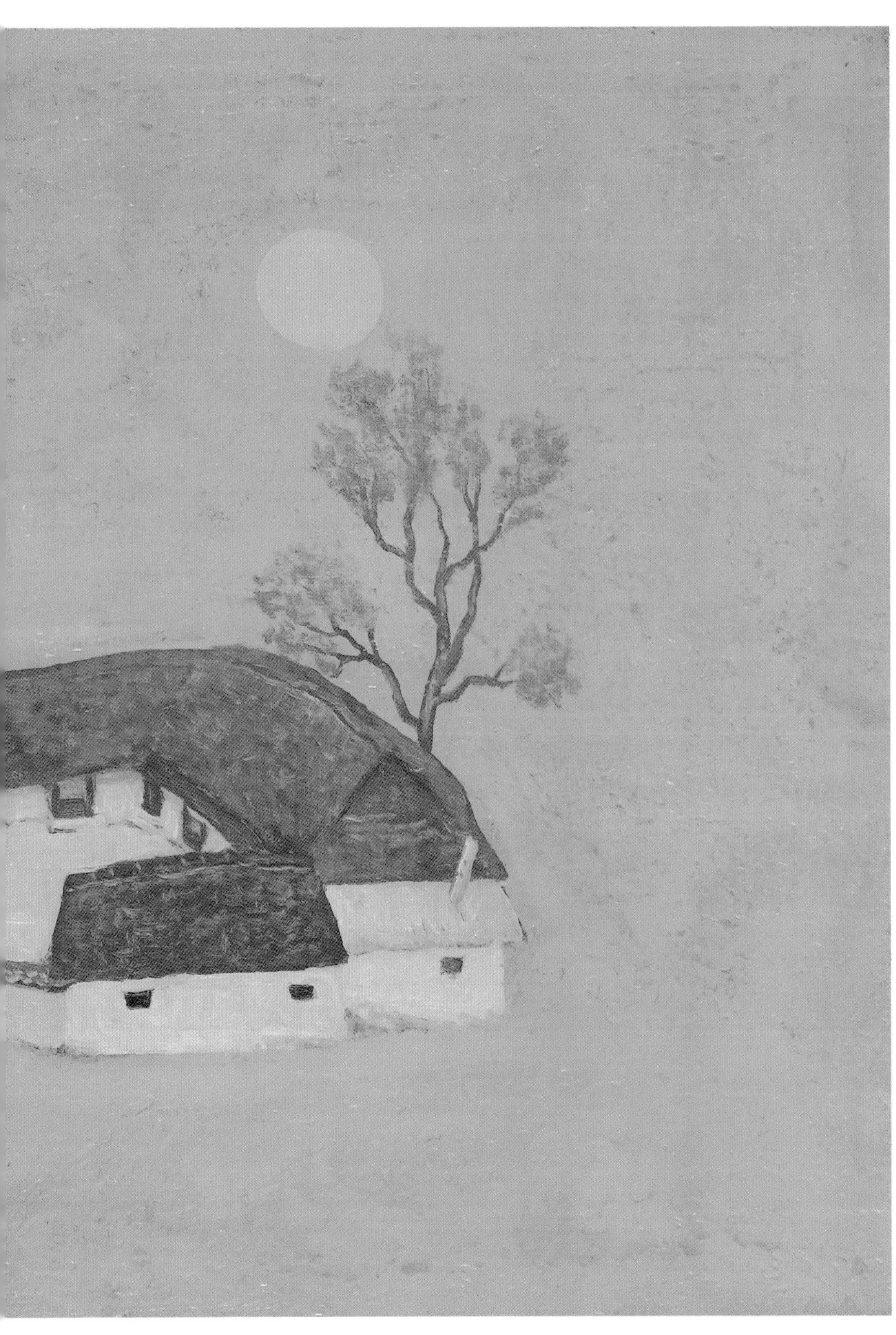

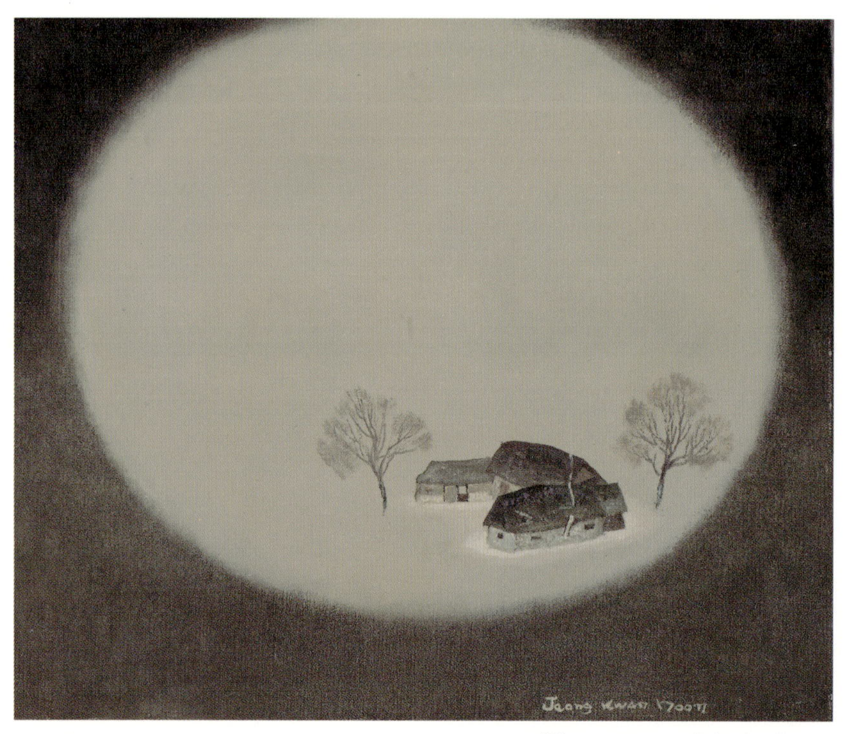

**기억**  45.0×38.0cm  캔버스에 유채  1999

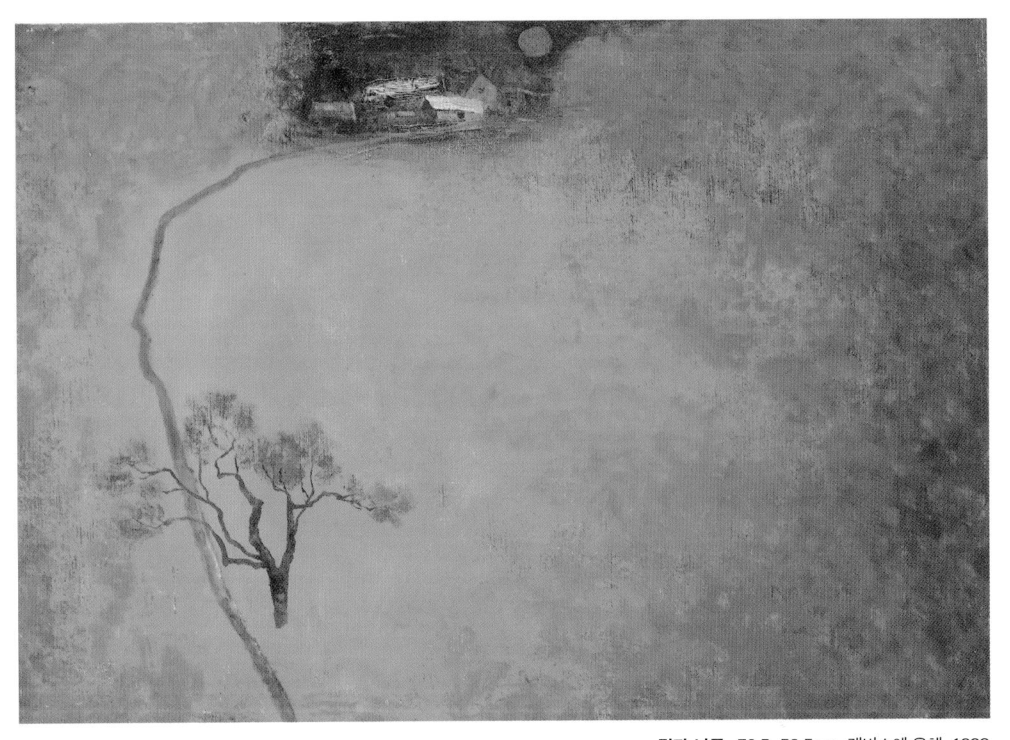

**길과 나무** 72.5×52.5cm 캔버스에 유채 1999

그의 화두가 된 길에 서 있는 나무 한 그루는
언제나 그곳에서 그를 지켜보고 있는 것만 같다.

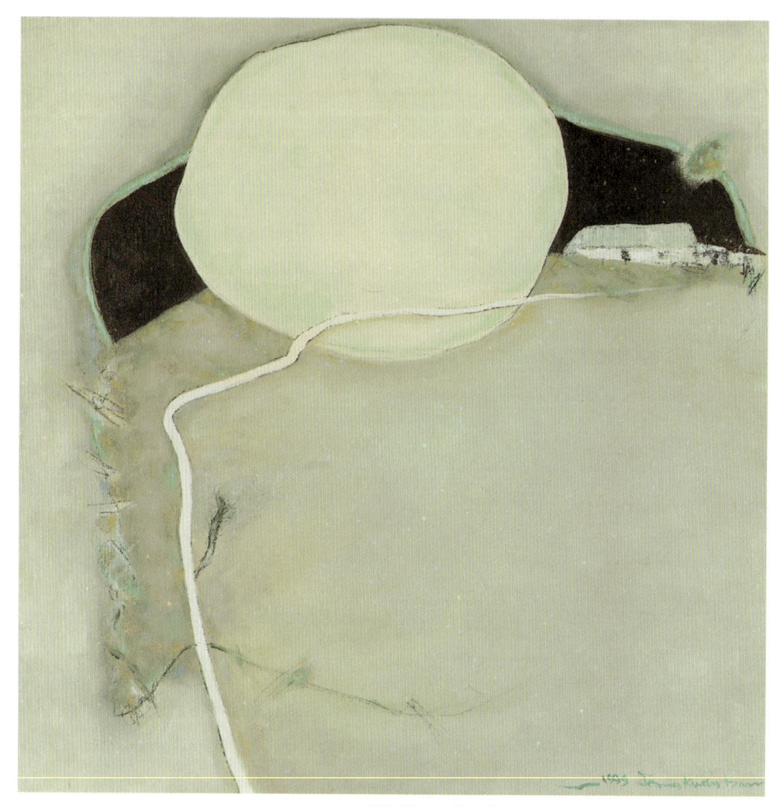

**달, 집, 그리고 길** 53.0×53.0cm 캔버스에 유채 1999

달을 기하학적인 선과 구성한 작업들도 많이 했다.
그는 소재 하나를 가지고 다양한 표현을 하곤 했다.

# 가슴에 담은 풍경

정관훈의 친구들을 만나러 울진으로 향했다. 늦은 나이에 귀하게 아이를 얻은 친구가 하나 있는데 아이의 돌잔치에 오랜만에 옛 친구들이 모인다는 소식을 들은 것이다. 대구에서 울진까지는 꽤 먼 거리였지만 기억 속으로 스미는 바다 내음 때문인지 설레는 마음에 소풍마냥 마음이 들떴다. 자리가 자리인만큼 정관훈에 대한 제대로 된 인터뷰를 하지는 못했지만 잠시나마 그들의 일상으로 들어가 나도 정관훈의 친구가 되어 떠들며 즐거워했다.

다음날 그곳에 사는 화가 한 분의 작업실에 초대되었다. 컨테이너 두 개를 붙여 2층으로 올린 그의 작업실은 1층은 창고이고, 2층은 작업실이었다. 철계단을 밟고 올라가면서 울려 퍼지는 소리와 바다의 파도소리가 마치 선상에 오르는 듯 착각에 빠지게 하여 묘한 기분이 들었는데, 작업실 문을 열자마자 전면의 넓고 기다란 창을 통하여 바다가 들어왔다. 바위섬에 부딪혀 하얗게 부서지는 파도가 에메랄드 빛 바닷물과 어우러져 감탄을 자아냈다. 전날 보았던 이 작가의 바다 그림 잔영 앞에 펼쳐진 바다는 그림 이상이며, 자연의 '경이' 그 자체였다. 왜 이 화가는 바다를 그리는 것일까? 너무나 아름다워 도저히 인간의 손으로는 흉내낼 수도, 담을 수도 없는 이 자연 앞에서 하나의 붓질이 무슨 의미가 있단 말인가? 차라리 산에 가서 바다를 그린다면……

사실 이것이 화가에게는 숙제인 것 같다. 자연을 인간의 힘으로 재해석하는 것. 화가 손장섭은 당산나무를 그리기 위해서 한 달여간 그곳에서 기거하며 당산나무의 이야기도, 마을의 역사도 듣고 마을 사람들과 어울린 뒤에 작업을 했다고 한다. 그 당산나무와 동화되기 위함이었으리라. 그 때문인지 손장섭의 당산나무에서는 눈에 보이는 것 이상의 힘이 느껴진다. 그의 그림에는 의연한 존재감을 품은 아름다움이 있다.

정관훈의 회색빛 바다! 그는 그의 바다에 무엇을 담으려 했을까? 타국 땅에서 본 회색 바다는 그에게 고향 바다를 보면서는 느끼지 못했던 또 다른 서정을 불러일으켰을 것이다.

그의 바다는 외롭고 고독하다. 그의 바다에서 밀려오는 고독의 무게는 화면 밖으로 밀려 나와 내 가슴까지 젖어드는 것 같다. 알 수 없는 찡한 설움이 작은 모래알마냥 뒹굴며 이리 씻기고 저리 씻기고 한다. 그의 바다에서는 비애미가 느껴진다.

그림을 통하여 작가의 감정을 읽어내고 느낌을 받을 수 있는 것은 그림 속에 작가의 자의식이나 서정이 담겨 있기에 가능할 것이다. 내 앞에 놓여진 바다를, 산을, 나무를 표현하는데 있어서 그것을 단지 하나의 대상으로만 그리는 것이 아니라 자신만의 성찰을

통하여 자신의 내면을 표현해내는 것이야말로 진정한 의미의 창작
이 아닌가. 내 앞의 바다는 바다로서 존재해야 하고, 화폭 속의 바
다는 화가의 내면 세계가 들어가야만 또 다른 바다로서 존재할 것
이다. 정관훈의 회색빛 바다는 그만의 사연을 담고 있지만 누군가
는 그 이야기를 가슴에 담으려 할 것이다. 그 순간 이미 정관훈의
회색빛 바다는 그의 바다가 아닐지도 모른다.

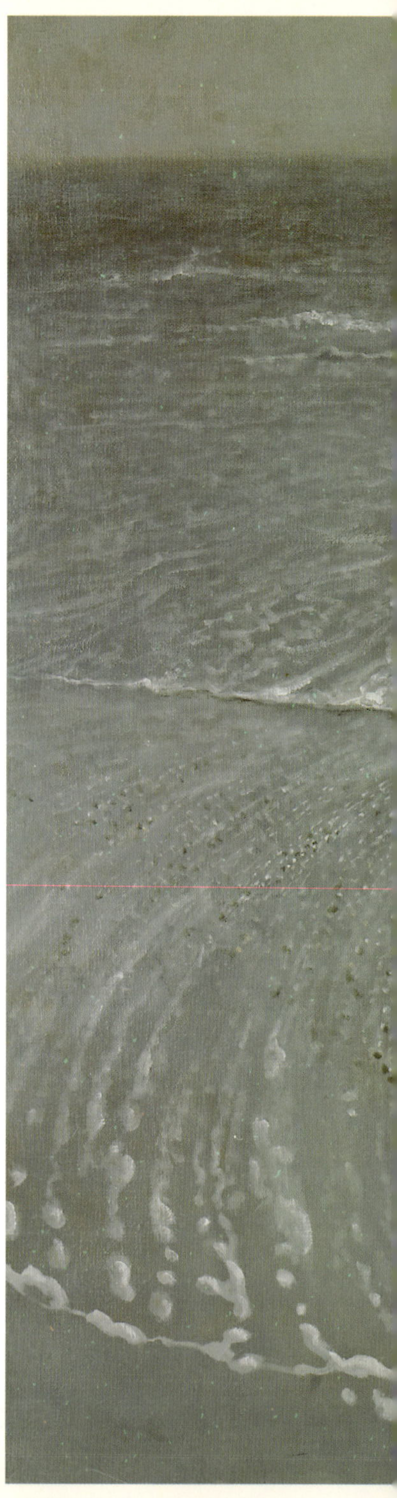

2005년 겨울, 그는 미국의 동쪽 끝에 위치한
롱아일랜드 존스비치(세계에서 두 번째로
긴 모래사장)로 아이들과 놀러 갔다. 타국의
겨울바다에 서서 파도가 밀려가고 난 자리의
거품들을 보고 이 그림을 그렸다. 그는 파도가
쓸고 간 자리에 자기의 마음을 담았던 것일까.

**파도**  76.5×76.5cm 캔버스에 유채  2005

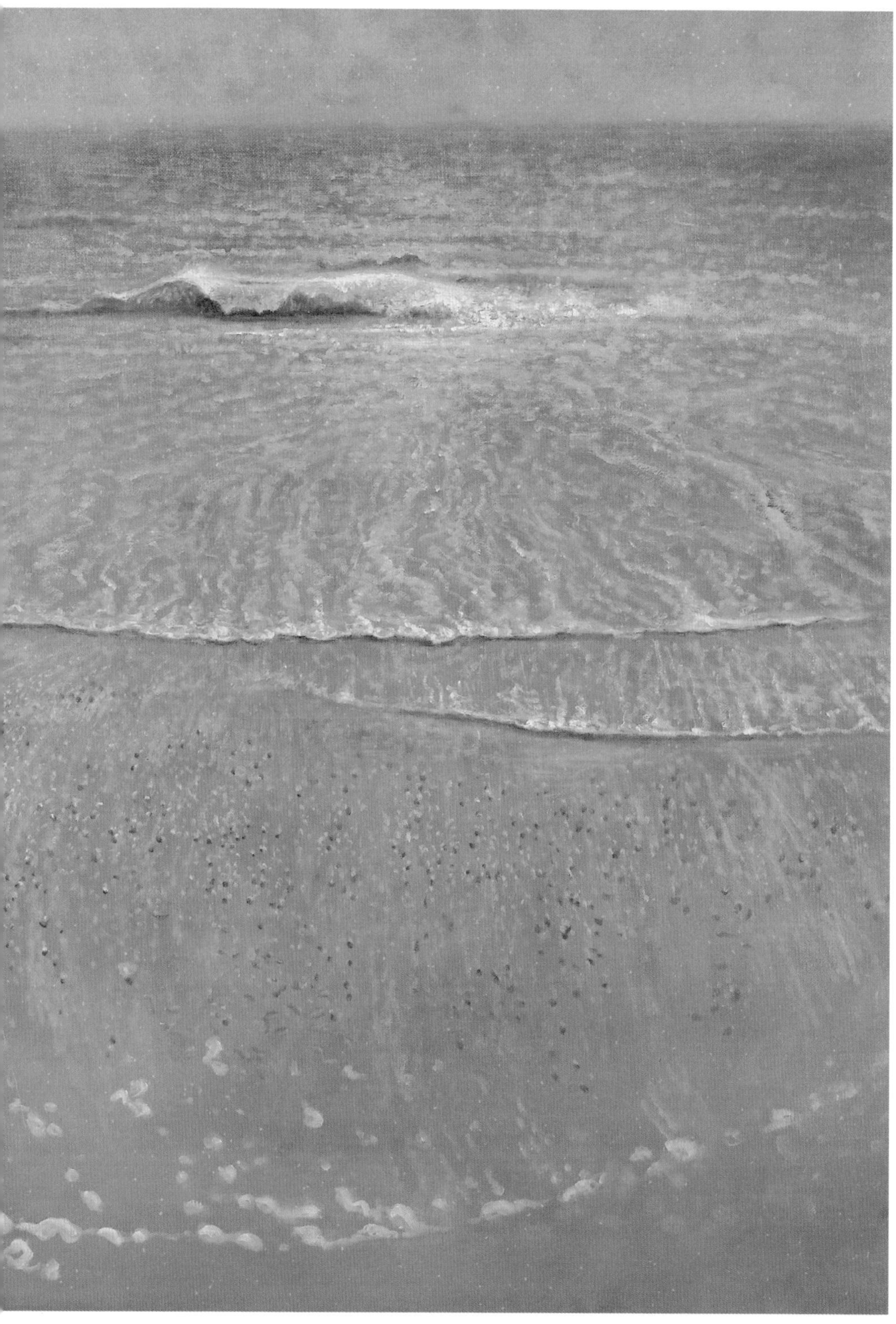

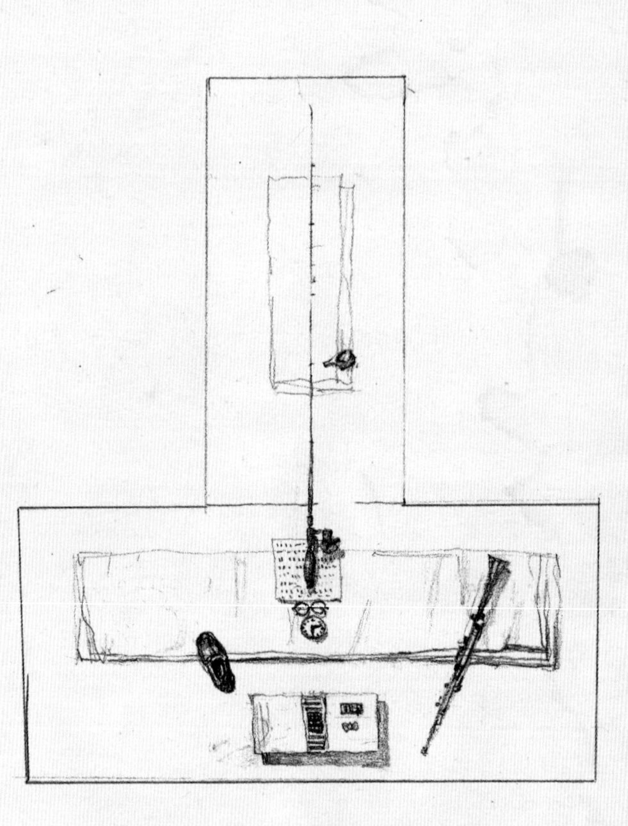

# When I dream

눈이 펑펑 쏟아지는 날, 그는 미국 땅에 발을 디뎠다. 뉴욕의 롱아일랜드 대학에 적을 두고 3개월 동안 기숙사 생활을 했다. 그러나 3개월 후 그는 이름만 대학에 걸어두고 개인 주택 한 칸을 빌려 본격적인 그림 공부에 들어갔다. 집세가 한 달에 1400달러나 돼 한동안은 어시장에서 생선을 나르기도 했지만 그 외에 먹고 자는 시간을 빼고는 오로지 그림을 그렸다.

3일 동안 문 밖을 나가보지 않았다.
그러니까 3일 동안 말 한마디 해보지 않았을 거다.
날씨가 맑고, 흐리구나 가끔 창 밖을 보며 느낄 뿐이다.
그러다, 차가 지나가는 소리로 비가 오는지를 느낀다.
좀 시끄럽기는 하지만 가끔은 운치가 있어서 좋다.
비가 내리면 녹음기도 꺼버리고 그 소리를 듣기 좋아한다.
이런 날은 친구와 소주가 그립고, 사람이 그립다.
얼굴을 비벼보면 어느새 수염이 길고
잊어버린 시간의 관념을 느낀다.

당장이라도 친한 사람을 불러

한 잔의 술을 기울이며

내 속내 털어버리고 싶지만

어차피 혼자이기를 원했던 것도 내 자신이지 않은가.

When I dream이란 노래

고독의 미학을 즐기는 데에도 느낌이 온다.


한국에서의 생활을 정리하고 가족과 함께 미국으로 갔지만 가족의 생계를 걱정하면서 작업을 한다는 것은 편치 않은 일이었다. 부인이 레스토랑에 일을 하러 나갔을 때 아이들만 집에 두는 것이 아동학대가 되는 미국사회에서 아이들을 데리고 외출을 하고 작업을 하는 것이 그에게는 또 다른 스트레스가 되었다. 그래서 그곳에서의 전시회를 앞두고 그는 작업을 위한 혼자만의 시간을 원했다. 결국 부인은 아이들과 한국으로 들어왔고 그는 8개월 간 혼자만의 고독한 자유를 만끽하고 음미했다.

그러는 가운데서도 그의 치열한 그림 공부는 계속됐다. 어떤 때는 1주일 동안 캔버스와 씨름하느라 시간가는 줄도 모를 정도였다. 그러면서도 뉴욕의 화랑 400여 곳을 1년 동안 도는 강행군을 벌였다. 직접 미국의 그림 세계를 확인하는 작업이었다. 그러다 '코네티컷주' 공모전에 응모해 대상을 수상하는 개가를 올린다. 900여 명이 참가한 공모전이었으니 경쟁은 말할 필요도 없다. 그때까지 그림 한 점 팔지 못하고 작업에 매달리던 그도 이를 계기로 처음으로 그림 한 점을 판매할 수 있었다. 그 뒤로 모두 5만 달러어치의 작품을 판매하게 되었다.

그는 한국에서의 작업이 어떤 틀에 매여 있고 사람들이 좋아하는 그림만 그린 것 아니냐는 자책에 사로잡혀 있었다. 그림 외에 다른 것은 생각해보지도 않은 그였기에 그런 생각은 열병과 같았으며 그런 자성 때문에 "나 자신을 깨고 더 큰 공부를 하고 싶다"며 미국행을 결심했던 것이다. 그에게 미국에서의 작업은 또 하나의 기회였던 것 같다. 그 기쁨이 어떠했을까를 생각하면 가슴이 아린다. 뭉클하다.

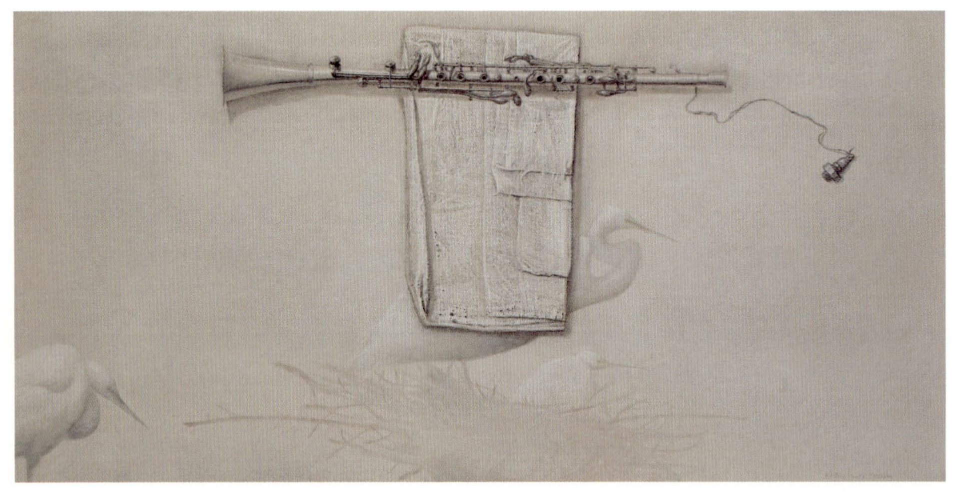

**공존** 122.0×61.0cm 캔버스에 유채 2005

가족과 함께 미국에 간 그는 작업을 위한 혼자만의 시간이 절실히
필요했다. 8개월 간의 '고독한 자유'를 누리면서 그렸던 그림들이다.
그만의 고요의 세계에 들어간 듯 울림을 주는 작업들이다.

# 시공을 초월하여 품에 안다

생활과 작업의 경계에서 힘들 때가 있다. 그럴 때면 가끔 술에 기대기도 한다. 그런데 캔 맥주 하나에도 취기가 오를 정도로 약해진 몸이 어이없어 독백처럼 중얼거린다. "마흔부터는 몸을 관리하는 것이 가장 중요한 작업이라며 이제부터는 체력 싸움이라고 후배들에게 이야기해놓고는……" 술 한 잔에 적당히 슬퍼지고, 술 한 잔에 적당히 체념하고, 술 한 잔에 적당히 오기가 생기고, 술 한 잔에 내 앞의 이 나무들은 왜 이리도 예쁜지.

내 앞의 나무 한 그루, 술 한 잔에 위로받으며 약간 엇박자의 걸음으로 집에 들어와 가끔씩 하던 108배를 했다. 절을 한다는 것이 자기 업을 닦는 것인지라 참회의 마음으로 하다가도 내가 뭘 잘못했기에 하는 오기가 올라와 가끔씩은 절하는 스스로를 무색하게 하더니만 술 한 잔의 감흥으로 절을 하니 이다지도 절실한지 "잘못했습니다. 용서해주세요." 간절함이 담긴다. 그 순간 온몸의 의식들이 안정된 기운에 감싸이며 내 창작의 영감도 내 삶의 시련들도 그것들과 함께 각각의 모습을 가지고도 하나인양 떠다니며 고요 속으로 들어간다.

내가 편리교 신자라며 신을 믿지 않았던 것은 예술 역시 신과 같다 여겨서였다. 그것은 종교를 갖지 않는 것에 대한 스스로의 명분이었고 창작하는 화가는 어디에도 구속되지 않고 자유로워야 하기에 모자란 재주나마 집중하여 예술의 길을 가야 한다는 생각이기도 했다.

그런데 창작을 하는 이가 신을 갖는다는 것은 무슨 의미일까 생각해보니 그것은 보통의 직업을 가진 이와는 다른 느낌인 것 같다. 예술이 종교와 동일한 것이 있다면 영원을 꿈꾸는 마음이 아닐까 한다. 자신의 작품이 시공을 초월하여 영원한 존재로 남기를 바라는 이상 하나를 가지고 길고도 긴 예술의 길을 걷는 사람들, 결과가 눈앞에 바로 드러나지 않을 수도 있음을 뻔히 알면서도 오직 영원히 남을 작품에 대한 신념 하나로 사는 사람들이 바로 화가이다. 그들에게 신이란 두 개의 신념을 강요하는 또 다른 구속일지도 모른다.

평소에 자신이 주인이고 자신이 신념이었던 정관훈은 뉴욕 생활에서 종교를 가졌다. 다른 인종들 사이에서 느껴지는 소외감이 그에게 합리적인 미국생활을 위한 방편으로 종교를 선택하게 했는지, 그곳의 생활이 개인적인 신념들을 허물어버릴 정도로 외롭고 힘들어 신에 의지하게 되었는지 모르겠지만 어쨌든 화가에게 종교는 의식의 변화일 것이다.

정관훈이 뉴욕에서 작업한 악기 시리즈는 종교적인 느낌을 주기도 한다. 머나먼 땅에서 갖게 된 종교가 그에게 영향을 주었던 것은 분명하다. 그는 그곳에서 세례를 받았다. 그에게 세례를 해주신 수녀님과도 생전에 돈독하게 지냈다. 그림을 좋아하는 수녀님과 가까이 지내게 된 것은 당연할진데, 누구의 간섭도 싫어했던 그가 수녀님이 하시는 말씀은 마치 어린아이가 엄마 말에 순응하듯이 따랐다. 지독한 술꾼이 수녀님이 술을 마시지 말라 하면 술을 줄이고 조절했다. 그의 고집을 생각하면 대단한 일이 아닐 수 없다. 언젠가는 성모상을 주문받아 그린 일이 있었는데, 작업에 몰두하면 피우곤 하던 담배를 피우지 못하겠다며 한 달여 간 경건한 자세로 작업에만 임하기도 했다고 한다.

테두리를 감은 천은 내 자신을 의미한다. 내 자신은 사람이고 내 그림 속의 모든 것은 결국 사람이 만들어놓은 영원할 수 없는 하나의 피조물에 불과하다. 영광스런 역사, 치졸하고 수치스러운 역사도……

그의 메모에서 알 수 있듯 악기와 함께 그의 그림 속의 상징물인 천은 그를 의미하기도 하지만 근원적인 것에 대한 질문이기도 하다. 예술가가 근원적인 것, 원초의 것을 추구하는 의미는 중요하다. 이전의 그림과는 다른, 밀도감 있는 정교한 작업들은 그가 추구하는 세계에 대한 염원의 절박한 손짓이었다.

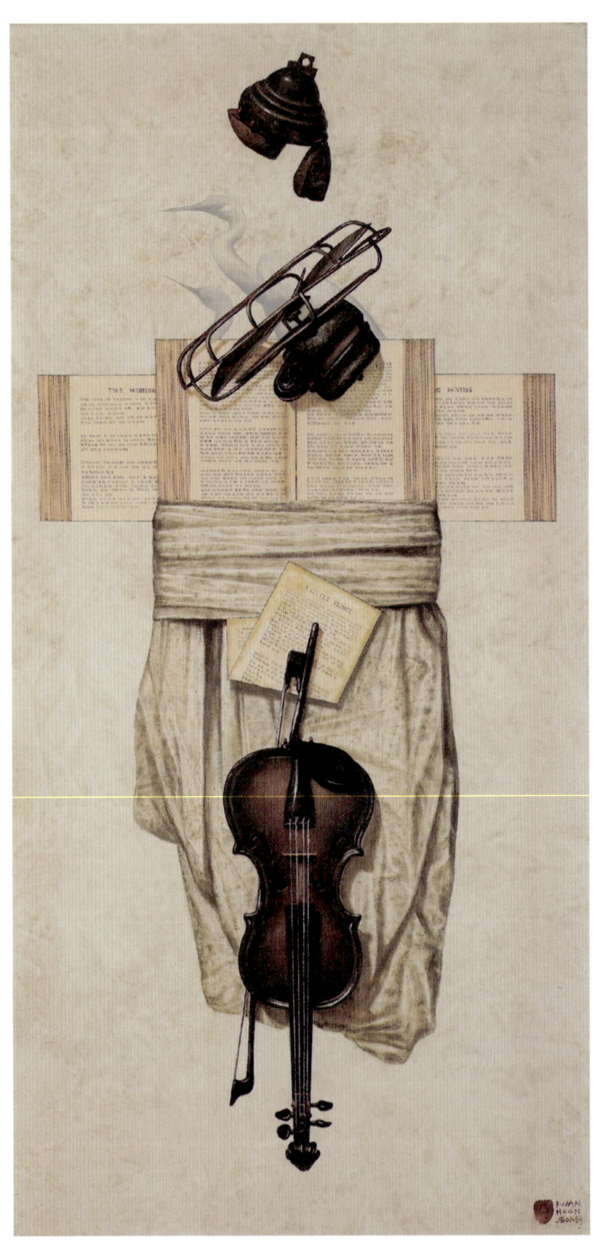

공존  61.0×122.0cm 캔버스에 유채  2004

팔색조처럼 새로운 그림을 그리고자 한 그였지만 자신의
그림이 누군가의 그림과 비슷하다는 느낌이 들면 그 작업을 접었다.
그리고 또 다시 새로운 것을 향했다.

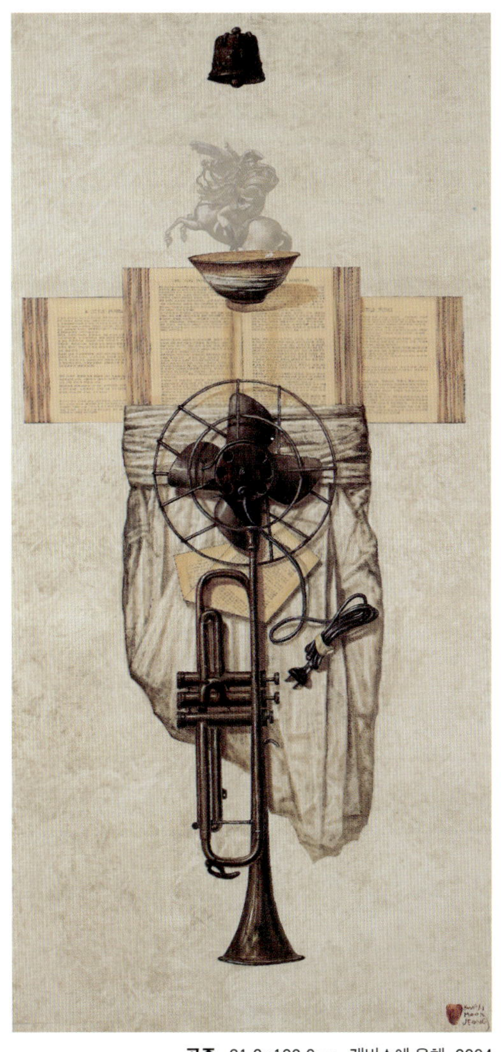

**공존**  61.0×122.0cm  캔버스에 유채  2004

평소 입버릇처럼 말하던 "사는 게 별거 있냐" 했던 말들은 실상은 삶에 대한 저항의 넋두리였던 것이다. 그래서 그는 삶의 절박함에 종교의 힘을 빌리고자 했을 것이다.

나도 이렇게 말하고 싶다. "사는 것이 별건가" 하고…… 그리고 조금은 힘든 이 삶에 태연한 척이라도 하고 싶다.

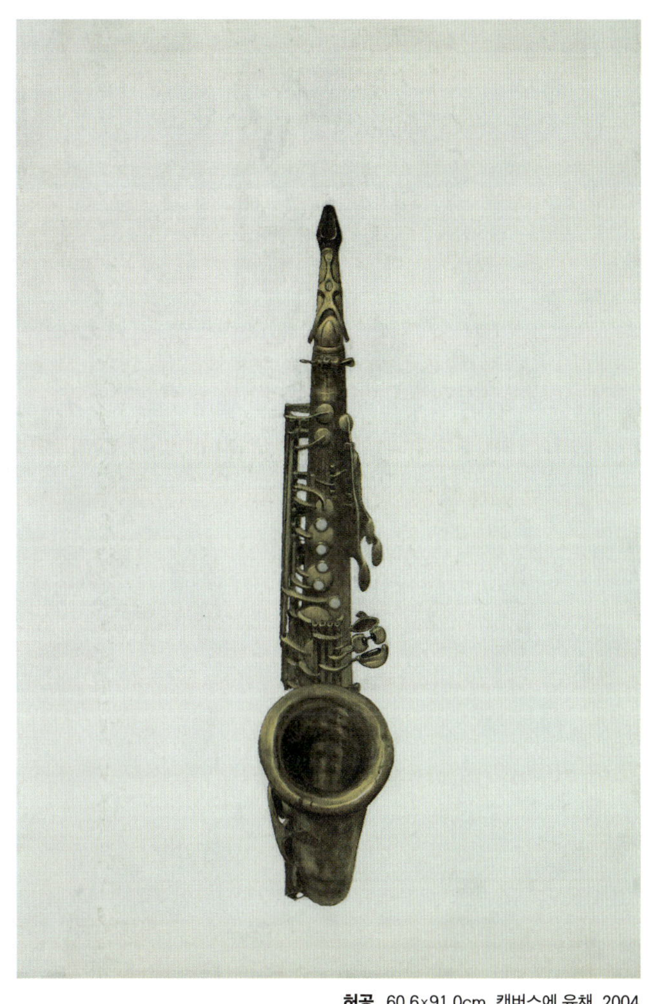

**허공**  60.6×91.0cm 캔버스에 유채  2004

타인의 그림을 보고 그곳에서 나를 찾는다면
그 그림은 이미 타인의 작업이 아니다. 음악을 좋아해 색소폰을 불고
싶어하던 정관훈에게 이미 색소폰은 악기만은 아니었다.

# 삶을 바라보다

어느 날 맨해튼의 한 길거리 코너에 있는 레스토랑에서 소품으로 장식되어 있는 색소폰과 나팔 등의 관악기를 보게 되었다. 관악기의 주둥이와 몸통은 벗겨지고 녹이 슬어 있었다. 세월의 흔적과 시간을 온몸으로 말하는 악기들에서 누군가 다가와 조용히 안아주기를 바라는 절실한 고독을 느낄 수 있었다. 녹이 슬며 벗겨진 주둥이에서 그 옛날 얼마나 많은 인고의 사연들이 불려 나왔으며 그것들은 화려한 무대를 배경으로 얼마나 많은 찬사와 박수를 받았을까?

슬픔과 고독, 외로움과 서러움의 주인공들은 왜 지금은 그들 곁에 존재하지 않으며 왜 그렇게 떠나버린 것일까……

맨해튼의 어떤 거리 모퉁이에 있던 레스토랑에서 정관훈은 벽에 걸린 악기를 보며 자신의 그림이 그려진 엽서에 위와 같은 긴 메모를 남겼다. 그 후 그는 악기를 그리기 시작했다.

나는 그림 그리는 일만을 업으로 하는 화가이지만 어쩌다 보니 글을 쓰기도 한다. 글을 쓰면서 느끼는 것은 역시 나는 글쟁이가 아니라 환쟁이라는 사실이다. 그림을 그릴 때의 영감처럼, 정관훈이 벽에 걸린 악기를 보고 느낀 영감처럼 이론적이거나 논리적이지는 않지만 내 호흡과 함께하는 감성의 지각이 있어야만 그것이 마음을 동요하고 감정이 이입되어 하나의 글이 쓰여지게 되는 것이다.

아는 선배 하나는 정식 미술 교육을 받지 못했지만 어느 누구보다 훌륭한 작가적 감성을 가지고 있었으며 그의 창의적인 표현은 대단했다. 화랑이나 주위에서도 관심을 가지는 화가였는데 세월이 흐르고 난 뒤 만난 선배는 예전처럼 열정적으로 작업을 하고 있지 않았다. 아쉽고 서운했다. 항상 바라보고 본받으려 했던 선배에 대한 알 수 없는 배신감이었을지도 모른다. 내가 가진 예술적 삶에 대한, 확신에 대한 배반 같은 감정이었을 것이다.

조금은 발칙한 후배였던 나는 선배의 현실적인 어려움을 알면서도 배반에 대한 질책처럼 선배에게 물었다. "왜 지금은 작업을 하시지 않나요? 왜 다른 일을 하고 계신가요?" 선배의 작업에 대한 게으름을 꾸짖기라도 하듯이, 쉽게 변질해버린 예술적 삶을 비난이라도 하듯이 냉소적으로 물었다. 그 때 선배는 내게 말했다. "지금 작업을 하고 있는 거야. 삶이 작업 아니겠냐." 조금은 허울 좋게 느껴졌던 그 선배의 말이 뇌리에 남아 살아가면서, 작업을 하면서 되새기게 된다.

삶을 바라볼 수 있는 사람은 삶에 의해 지배당하지 않는다. 스스로가 삶의 주인이 되어 살아간다. 그들이 살아가며 보고 느낄 수 있는 삶의 여유는 인생에 대한 배려의 마음을 만들어주기도 한다. 그래서 그런 사람은 언제나 존중하며 존중받을 수 있는 사람인 것이다.

정관훈은 '신작전'이라는 모임에 가입했다. 주 활동무대가 서울인 신작전의 모임을 위해 서울로 향하는 기차에서 그는 무언가를 열심히 들여다보며 외우고 있었다. 팸플릿이었다. 작품과 작가의 사진을 대조해가며 약력을 함께 외우던 그에게 동료가 이유를 물었다. "새로운 사람을 만났는데 내가 그 사람을 알아보고 그 사람의 작품에 대한 대화까지 나눌 수 있다면 그 사람이 얼마나 기분 좋겠어? 그래서 만날 사람들 얼굴도 익히고 작품도 익혀두는 거야." 그의 대답이었다. 사소한 이야기이지만 쉽게 아무나 할 수 일도 아니다. 가끔씩 마음에 드는 작품이 눈에 띄면 작가의 모습을 보며 다시 작업을 느껴보기도 하지만 그뿐이다. 그런데 처음 만난 사람이 자신의 작품을 기억해준다면 작가에게 이만한 기쁨이 어디 있겠는가. 그리고 어찌 그 사람을 존중하지 않겠는가.

이 작은 배려라는 것들이 모여 그가 삶을 보고 느낄 수 있는 힘이 되었을 것이다. 그 힘은 작업으로 전이되어 자신만의 세계를 담는 '화두'가 되었다. 녹슨 관악기를 통하여 보고 느낀 모든 것들은 그의 작업의 화두가 되었다. 창작의 과정 속에서 그는 또 얼마나 많은 것들을 보며 깊은 생각과 애정을 키워나갔을까? 그의 작품 속의 상징들이 어떤 사연을 담고 있을까를 생각하면 하나라도 소홀히 지나칠 수가 없다.

그가 죽기 전 몇 년간 몰두했던 악기 그림들은 그가 삶을 관조하는 마음에서 시작된 작업들이다. 그에게 이러한 마음이 없었다면 수작으로 남아 있는 그의 그림들은 그려지지 않았을지도 모른다. 그러니 예술가가 삶을 관조하는 마음이 얼마나 중요한 것인지는 말로 하지 않아도 알 일이다.

삶을 관조하는 마음은 예술과 삶이 함께하는 일이다. 작업실에서 열심히 붓질을 하는 것도 중요하겠지만 삶을 바라보는 것은 화가에게 하나의 영감이 되어 그것이 작업으로 이어지는 것이다.

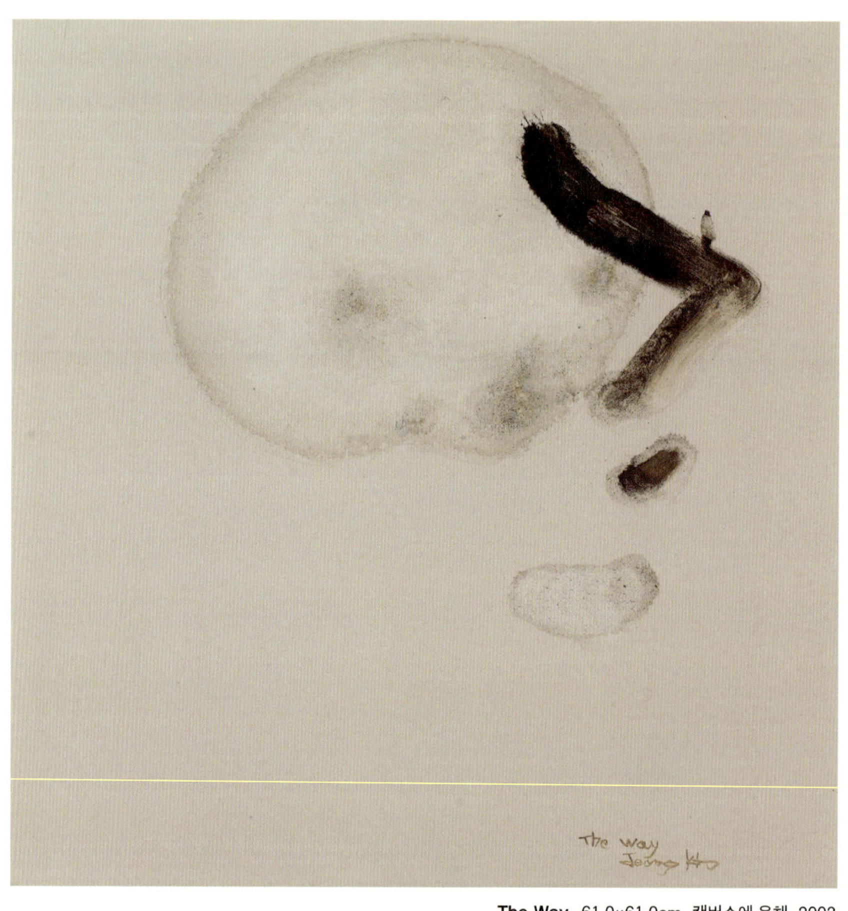

**The Way**  61.0×61.0cm  캔버스에 유채  2002

그는 어디로 향하고 있는 것일까?
그만의 무릉도원을 꿈꾸고 있는 것일까?

# 우울한 도시 끝에서

정관훈의 악기 그림을 보면 초현실주의 작가 르네 마그리트 (René Magritte 1898~1967 입체파의 영향을 받았고 초현실주의 운동에 참여한 벨기에의 화가)의 작품이 연상된다. 초현실주의는 인간의 가장 근원적인 순수의 세계가 꿈과 환상이라 생각하며 그 세계를 통하여 인간의식이 해방되기를 원했다.

르네 마그리트는 생활의 주변에 있는 대상을 매우 사실적으로 묘사하면서도 공간 속에 또 다른 이미지를 넣음으로써 대상이 가지고 있는 기존의 이미지들이 고정 관념을 벗어나게 하여 다른 신선함과 마주하게 한다. 생각하는 사람이 되고자 했던 그의 작품을 보고 있으면 정말로 깊은 생각을 하게 된다. 작품마다의 느낌들이 또 다른 세계에 빠져들게 하여 보는 이의 상상력에 발동을 걸어주는데, 그가 표현하는 시적인 상상력은 작품을 감상하는 데 있어 많은 여운을 남기고 명상의 세계에 들어가게 한다.

정관훈의 악기 그림이 마그리트의 공간 이해와는 다르면서도 마그리트를 연상시키는 것은 경험에서 시작된 의식적 영역과 무의식적 영역을 함께 표현한 점과 일상생활의 오브제들을 주요 기법으로 사용한 점 등 초현실주의적 사고의 근거들이 그 속에 들어 있기 때문이다.

정관훈의 작품은 세월의 불가피함을 악기로 드러내고 자신을 상징하는 천이 마치 현실을 정지시키기라도 하듯이 시간의 흐름을 묶어놓고 있는 것 같다. 시간이 멈춰버린 듯한 공간 속에 인간이 만들어놓은 영원할 수 없는 피조물들과 세월에 의해 과거를 잃어버린 악기들이 함께 배치되어 있다. 그리고 악기와 어울릴 수 없는 감투, 환풍기, 소라, 책, 비현실적인 인물 등의 오브제들이 사용됨으로써 초현실적인 느낌이 들게 한다.

그러나 그의 시간과 공간의 의미는 초현실주의와는 다르다. 어찌 보면 꿈처럼 느껴지는 비현실적인 인물, 새, 날개 등의 흐릿한 환영 같기도 한 이 이미지들은 현대의 사라져가는 역사를 담고 있는 듯하다가도 현실을 보여주는 것 같기도 하고 때로는 먼 미래의 사라져버리고 말 존재들을 담고 있는 것 같다.

인간의 피조물의 상징인 악기들과 함께 드리워진 천은 돌이킬 수 없는 현실인 과거의 역사를 바꾸기를 갈망하면서도 결국은 천이 감싼 존재는 과거를 벗어나 미래가 된 후 찾아갈 수 있는 세상 너머의 자의식을 잡으려 하는 것만 같다. 그러나 이러한 그의 의식은 세상에 대한, 삶에 대한 애정에서 시작하여 결국은 현실을 벗어날 수 없는 인간의 삶을 숙명처럼 받아들이고 있다. 그러기에 정관훈의 세계는 꿈과 환상을 통해 인간의식이 통제에서 벗어나길 원했던 초현실주의의 그것과는 다르다.

그가 꿈꾸는 의식은 그만의 세계에서 삶과 죽음을 움켜잡으려 하였듯이 연주할 수 없는 악기로 노래하고 있는 것이다. 이런 그의 노래의 이면은 바로 마주하게 되는 형상보다 시적인 모호함을 가지고 있다. 그래서 마그리트의 작품이 연상되나 보다.

외로움을 잘 타는 그가 미국행을 결심하고 떠난 것은 자신의 한계를 뛰어넘고 싶었기 때문일 것이다. 자신이 살아보지 못한 넓은 세계에서 여태까지 가져보지 못했던 현실 속의 꿈, 그것은 작업에 대한 이상이었을 것인데, 그것을 이루어보고자 했던 것이다. 어찌 되었든 정관훈은 그 뉴욕이란 도시 끝에서 외로움을 담은 절박함으로 한국에서의 시각과는 다른 세계를 들여다보고 만들어갔다. 그 대표적인 작품이 악기 시리즈이다. 혼자 있는 것을 힘들어했던 그였기에 뉴욕에서 가졌던 외로움들이 어떤 절박함을 만들어내어 또 다른 세계로의 이행을 쉽게 했을지도 모른다. 화가가 가지는 세계관은 좀 더 심연의 깊이를 원하는 만큼 그 깊이를 채워줄 수 있는 것은 사람이 아니라 작업이며 그는 이 악기 시리즈들로 자신이 갈망하던 또 다른 세계를 만들고 떠났던 것이다.

화가의 작품은 화가의 삶이며 자의식이다. 정관훈이 사물을 사실적으로 묘사하는 힘은 마그리트의 그것처럼 내면의 본질을 꿰뚫어보는 예리함을 가지고 있다. 그러나 그가 꿈꾸었던 초현실의 세계에 도달하였을지는 모르겠다. 어쩌면 그가 작품에 담으려 한 또

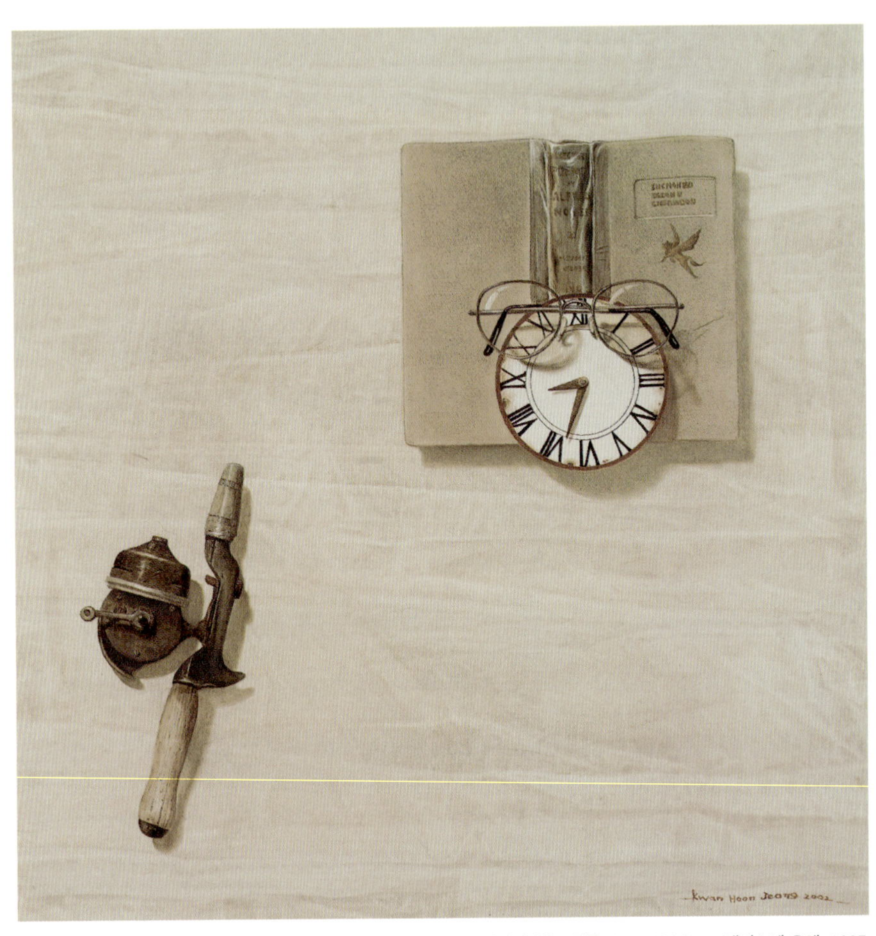

**책과 안경이 있는 정물**  61.0×61.0cm 캔버스에 유채  2005

하나의 세상이 마그리트의 세상 속에 존재할지도 모른다는 생각을
하면서 마그리트가 가지고 있는 심연의 세계에 그가 도달하여 좀
더 자유로운 날개짓을 시작하였으면 한다.

# 창조하는 직관, 바라보는 직관

정관훈이 악기라는 소재를 선택한 이유는 삶의 경험에서 오는 의식의 한 단편에서 시작된다. 그러면서도 그는 세계화된 소재로서 악기를 그린다 하였다. 굳이 민족적 감수성의 벽을 허물지 않더라도 자연스럽게 전달되고 표현되는 만국 공통어가 '악기'라 생각하였다. 그는 서양의 악기를 표현함에 있어서 동서양의 관념의 차이에 대하여 생각해 보았을까?

사실 작가의 그림을 평하는 데 있어서 평론가는 여러 가지 이론적 근거나 상황들을 유추해내지만 그것이 작품의 이론적 근거들을 찾는 데에만 몰두하다 보면 작가들이 평론의 바탕을 따라가기에는 벅찬 경우가 많다. 그러다 보면 작가마저 생각하지 못한 이론이 제시되기도 하는데, 그것이 합리성을 바탕에 두기도 하겠지만 가끔씩 그 합리성이 도리어 작품의 느낌과는 상관없는 감상의 부분을 만들기도 한다. 좋은 감상은 화가가 어떠한 생각으로 그림을 그렸든지 그 그림을 보는 사람들은 자신만의 느낌과 생각으로 먼저 그림과 만나는 것이다. 그 후에 작가의 작업에 대한 의도나 계기들이 보태지면서 감상의 영역을 넓혀가는 것이 맞지 않을까. "아는 만큼 보인다"는 말을 한다. 맞는 말이다. 하지만 다양하고 난해한 작품 앞에서 이해하지 못하여 주눅이 드는 것보다 감상자 스스로가 자신의 직관을 믿어봄이 바람직한 소통일 수 있다. 예술작품을 감상하는 자도 그리는 자에 못지않은 삶의 체험을 통한 직관을 가지고 있기 때문이다.

나는 예술작품을 창조하는 화가에게는 이론을 바탕에 둔 인문학적 사유보다는 '직관(直觀)'이라는 부분이 가장 중요할 것이라 생각한다. 평론가에게 필요한 것이 예술적 행위의 근거들이라면 화가에게는 '직관적 상상력'이 가장 중요한 요소일 것이라는 생각이다.

무엇이든지 좀 더 전문화된 것을 요구하는 이 시대는 탤런트에게 만능 엔터테이너를 요구하는 것처럼 화가에게도 더 전문화된 다양한 것들을 요구한다. 그래서 어떤 화가들은 스스로가 작품의 근거나 이론 등을 확립하기도 한다. 어찌 보면 이러한 계획들이 작가의 작품세계를 의식화시키는 데 필요한 것일 수도 있지만 개인적으로 나는 화가가 '직관적 상상력'을 가장 우선시하기를 바란다.

동 서양의 관념의 차이에 대하여 생각해보자. 나는 아직 집세를 내는 작업실에서 작업을 하고 있다. 그러나 형편이 나아져 세를 내지 않는 작업실을 가지게 된다면 그곳에 작은 정원을 꾸며보고 싶다. '정원'이란 것이 무엇인가. 인간이 건축물 속에 자연을 꾸며놓은 것 아닌가. 우리의 선조들은 정원을 만들면서 인공적이지만 과학적이면서도 자연 그 자체를 들여오는 자연스러운 정원을 좋은 정원으로 꼽았는데 거기에는 자연과 교감하며 살고자 한 선조들의 세계관이 있는 것이다. 경주의 임해전지(臨海殿址)와 안압지(雁鴨池)가 프랑스 베류사유의 정원과 다른 것은 그것을 계획한 사람들의 가치관이 다름 아니겠는가.

세계의 정원을 이야기할 때 어떤 정원의 좋고 나쁨을 말할 것이 아니라 그 정원이 어떠한 생각과 계획 아래 만들어졌는지를 따져볼 일이다. 만일 만든 이들의 정서가 제대로 반영된 정원이라면 그것이 바로 세계적인 정원 아니겠는가.

정관훈은 오래된 관악기를 보자 직관적 상상력을 먼저 떠올렸다. 그리고 작업에 대한 근거를 마련하고자 가져온 것이 인종을 뛰어넘는 소재라는 생각이었다. 언제나 보이는 것에 내용을 담으려 했던 그가 악기라는 소재를 직관적으로 느낀 것이다. 그리고 그는 자신의 작은 역사를 만들어갔다. 그는 악기에 자신을 상징하는 천과 함께 여러 가지 물건들을 오브제함으로써 또 다른 의식의 세계를 표현하고자 했고 그렇게 만들어갔다. 그는 자신의 작업이 세계화되기를 바라면서 한국인인 자신이 담을 수 있는 삼베라는 소재를 들여왔고 애써 치장하지 않는 여백으로 한국적인 정서를 담아냈다. 그것을 기반으로 하여 투구, 책, 악기, 도자기, 날개 등의 오브제들이 또 다른 상징성을 만들어내기에 그의 작업이 더 세계적으로 느껴지는 것 같다. 그러나 이것 역시도 감상자의 직관에 불과할지도 모르겠다.

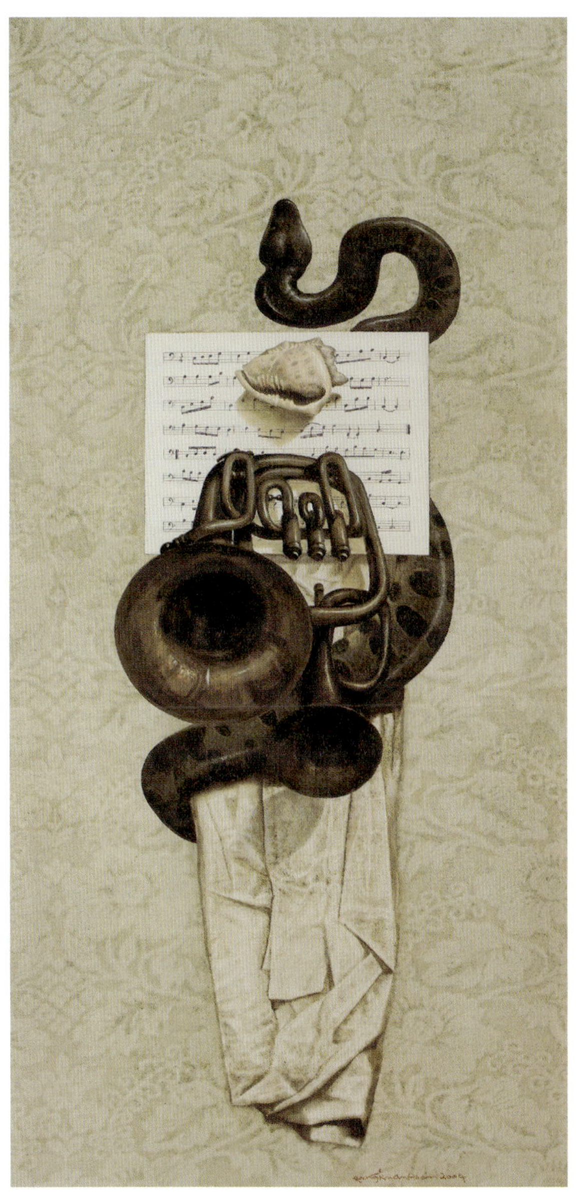

**공존**  61.0×122.0cm  캔버스에 유채  2004

미국에서 생활고로 인해 벽화작업을 하기도 했다.
경제적으로 힘들었던 때라 음악을 좋아하는 의뢰인에게
팔겠다고 작업했던 그림이다.

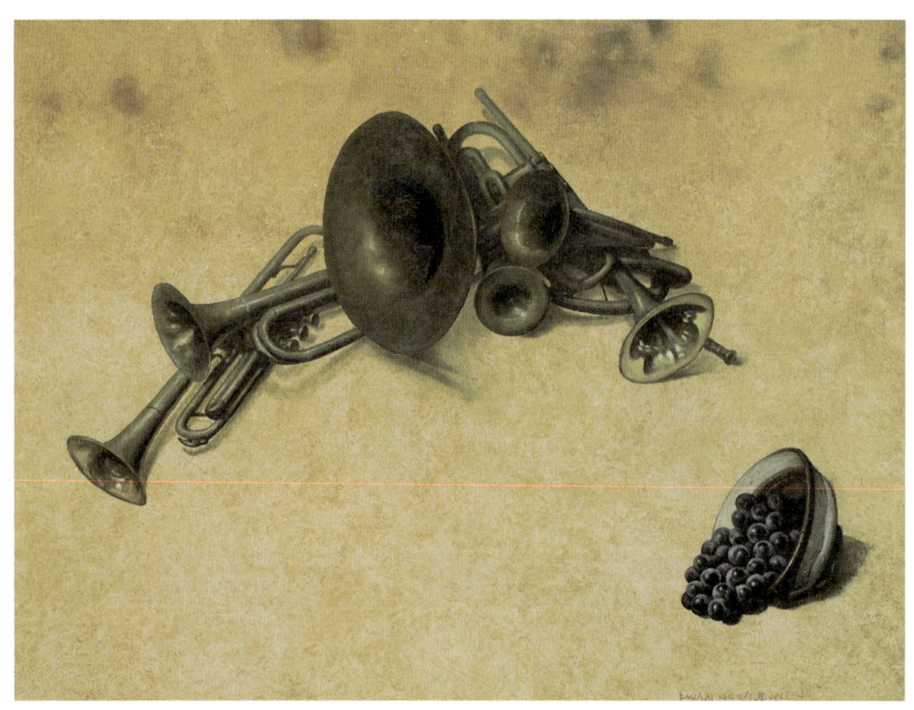

**악기** 161.0×60.6cm 캔버스에 유채 2005

# 화가는 고독 앞에 선다

나는 가끔씩 시계가 없는 달팽이집에서 살고 싶다. 둥글고 부드러운 집의 곡선이 내면의 상처들을 어루만져주는 곳, 누구도 들어올 수 없는 나만의 깊은 구멍 속으로 웅크리고 들어가 나 아닌 의식을 거부하고 시간의 개념이 침범할 수 없는, 오직 날 위해 존재하는 그곳에서 안락과 휴식을 취하며 작업을 하고 싶다. 누추하고, 좁고, 정원도 없는 나의 집은 어둡고 눅눅한 습기들로 가득하지만 그곳에는 하늘을 볼 수 있는 이성이 있고, 달을 품을 수 있는 감성이 함께 하기에 나는 무거운 달팽이집을 짊어짐에 감사하고 행복해하리.

그림을 그리면서 나는 수많은 달팽이집을 구하러 다녔다. 돈이 없어 눅눅하고 습기찬 지하에서도 많이 살았고, 형편이 안 좋아 달팽이집을 없애버릴 때는 그곳에서 씨알처럼 키우던 나의 분신 같은 작업들을 갖다 버리면서 외로웠다. 세월이 흘러 달팽이집을 또 다시 마련할 때마다 나는 그곳에 익숙해지기도 전에 짐을 다시 싸곤 했다. 그럴 때마다 또 다른 외로움이 쌓이기도 하지만 나는 그곳이 있어 외롭지 않다.

화가에게 작업실이란 자신의 내면을 보듬고 이상을 키우면서 희망과 꿈을 잉태하는 공간이다. 달팽이집마냥 그들에게는 안식처가 될 수도 있고, 가끔씩은 힘든 현실을 외면할 수도 있는 의지처가 되는 일터이다. 작업실이란 현실적인 미술 창작의 본질을 헤아려볼 수 있는 공간이지만 그들의 추상적인 꿈을 총체화시킬 수 있는 그들만의 고독한 왕국이기도 하다.

정관훈이 미국에 있을 당시 잠시 귀국하여 작업했다는 곳을 가보았다. 허름하고 오래된 낡은 집은 주위를 둘러싼 축대에서 약간 내려다 보이는 곳에 있었는데 건물 곁에 기댄 듯 자라는 나무가 텅 빈 집에 그나마 생명의 기운을 느끼게 해주었다. 굳게 닫힌 주인 없는 집을 축대의 난간 끝에 매달려 들여다보니 정관훈이 추운 날씨에 작업하느라 쳐놓았다던 천들이 연상되고 그것들은 그의 악기 그림 속 천들과 오버랩(overlap)되었다.

예천에 임시로 마련한 이곳에서 그는 '동원화랑'에서 열리게 될 개인전을 준비했다. 경제적으로 힘든 그는 열악한 임시 작업장에서 절박한 마음으로 작업에 매달렸을 것이다. 대부분 천과 함께 항아리가 있는 정물이 이때의 작업들이었는데 이전의 정물보다 좀 더 여백의 미가 느껴지고 단아함이 느껴지면서도 장식성에 몰두한 작업들이었다.

화가는 외로움을 먹고 살아야 하는 사람들이다. 정관훈은 평소에 사람을 좋아하고 외로움을 많이 타 지인들과 시간을 많이 보냈지만, 작업이라는 것은 고독과 외로움이 친구가 되어야 할 수 있는 것들이 아닌가. 외로움이 힘들어 작업을 하고, 현실이 힘들어서 작업을 하면서도 화가란 존재는 자기 자신에 빠져들어야 작업이 가능하다. 작업을 통해서 부유하는 존재를 확인시키며, 고독이 결국에는 창작이라는 자신을 향한 이행(移行)이 되는 것이다. 때로는 화가가 비현실적으로 보인다거나 현실의 어려움을 떨쳐버릴 수 있는 것이 이 창작에 대한 희열과 확신 때문일 것이다.

이 모든 것이 화가의 공간, 작업실에서 이루어진다. 그래서 화가들은 자신만의 공간에 집착한다. 그도 화가였기에 자신만의 공간에 집착했을 것이다. 그러나 그는 여러 상황과 조건들이 맞지 않아 남들보다 더 많은 작업실을 옮겨 다녀야 했다. 대구 봉덕동, 동인동, 송현동, 상인동, 성당동 또 성주, 울산, 예천 그리고 미국까지……

화가는 터를 옮기면 그곳에 적응될 때까지 쉽게 붓을 잡을 수가 없다. 그래서 그가 이렇게 많은 작업실을 전전하면서도 그 정도로 많은 작업을 할 수 있었던 것이 놀라울 따름이다. 그의 작업을 향한 열정이 얼마나 컸는지를 가늠하게 한다.

나의 대학 은사님, 평생을 현대화단에 몸바쳐온 예순이 다 된 그분이 언젠가 글을 통해 늦은 시간에 작업할 때는 집안 식구들 눈치를 보며 조심스럽게 한다는 얘기를 하셨다. 평생 작업실을 가지려 했지만 여의치 않아 지금도 아파트에서 작업을 하시는데 환갑이 가깝도록 자신만의 공간을 얼마나 간절히 꿈꾸었을까 하는 생각을 하면 가슴이 찡하다.

화가에게 작업실은 자유다. 우리의 인생을 문방구용 이력서에 쓴 몇 줄로 이야기할 수 없듯 화가는 작품으로 이야기해야 한다고 주장하는 나 역시도 화가의 혼과 고독이 배어 있는 공간에서 그를 만났으면 하는 아쉬움을 가진다.

화가의 작업실에 놓인 팔레트에 층층이 쌓인 세월의 흔적만큼의 물감 층에서 배어 나오는 감동을 어찌 작업만 못 하다 하겠는가. 화가의 혼이 숨 쉬고 고독의 향기가 배어 있는 작업실에 서는 것만으로도 가슴 벅찰 수 있는 사람만이 진정으로 예술을 사랑한다 말할 수 있지 않을까.

나는 지금 정관훈, 그를 느끼고 그의 달팽이집에서 그의 고독과 마주하며 그가 가진 자유와 이상을 함께 하며 벅차오르는 가슴을 누르고 싶지만 그는 이곳에 없다. 그가 살아왔던 터는 그를 기억으로만 안은 채 스러져가고 있다. 그는 단지 우리들의 가슴에만 있을 뿐이다.

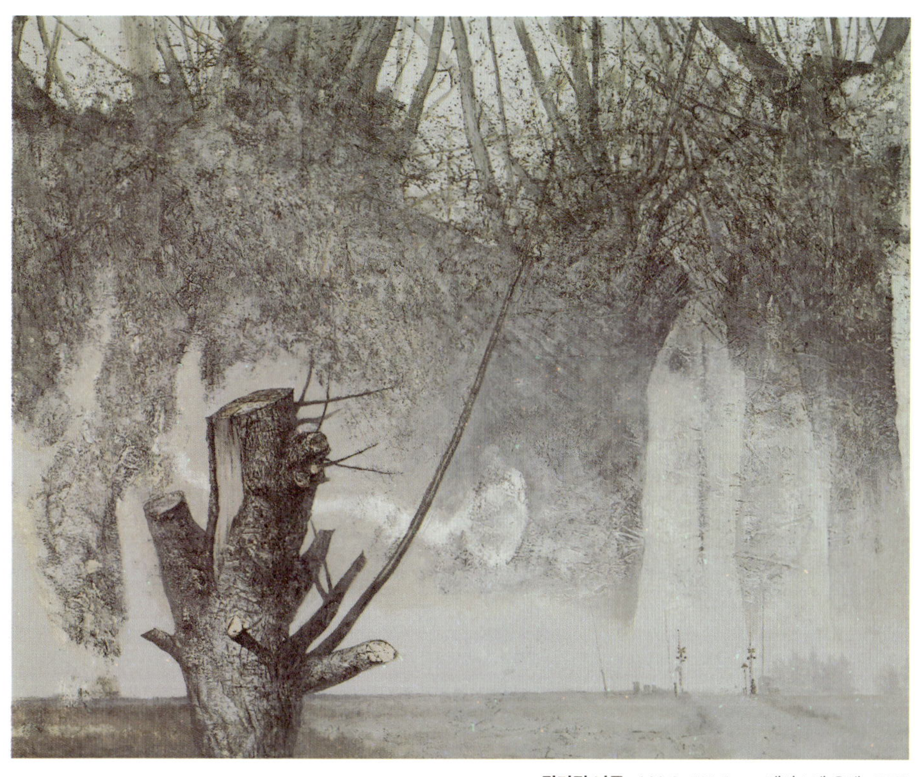

**잘려진 나무**  163.0×131.0cm  캔버스에 유채  2000

이 그림은 강한 질감의 배경이나 잘려진 나무로 무언가를
이야기하려 하고 있다. 그것이 무엇인지는 알 수 없지만 아득히 멀어져 있는
기차 건널목으로 인해 아름다운 그림이 되고 있다.
그런데 그 작은 이야기가 더 크게 느껴지는 이유는 무엇일까?

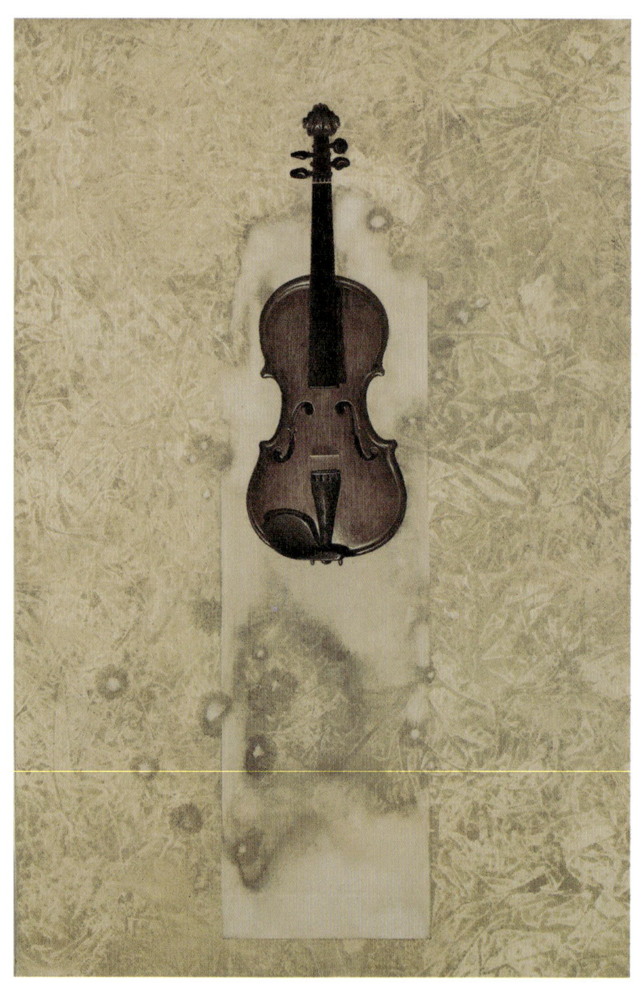

**바이올린** 60.6×91.0cm 캔버스에 유채 2004

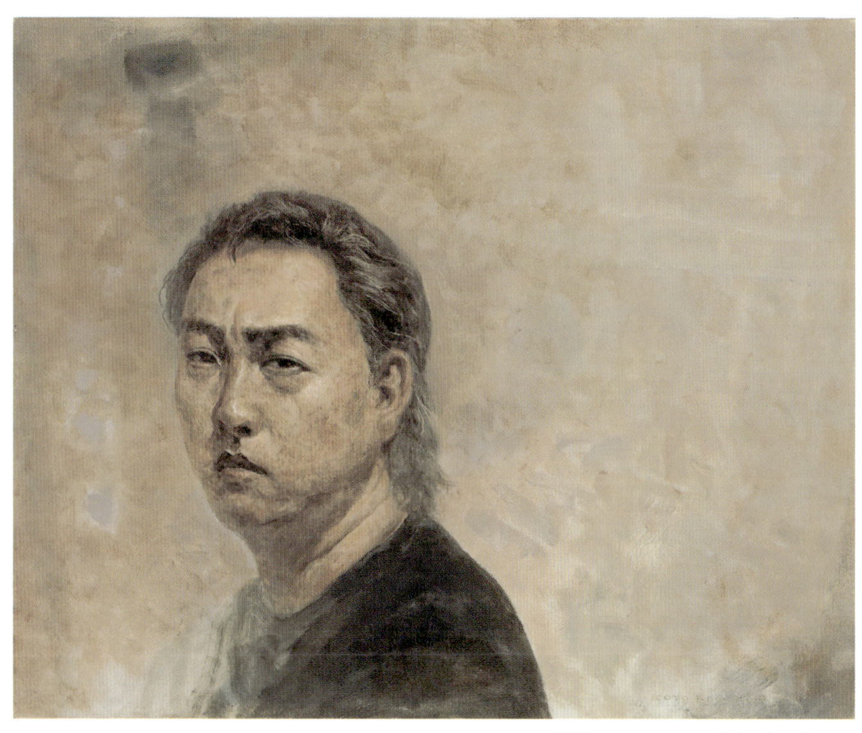

**자화상** 50.5×45.5cm 캔버스에 유채 2005

# 가진 것에서 시작하다


2001년 뉴욕으로 건너간 정관훈은 2002년 미국 '코네티컷주' 미술협회에서 주최한 공모전에서 대상을 받았다. 뉴욕 뉴센추리21 갤러리에서 개인전을 여는 등 막 작품성을 인정받기 시작했다. 대상을 받은 작품은 악기가 있는 정물이었고 그 무렵부터 그의 작품 속에서 여백들이 중요시된 것 같다. 그 후 그는 모과, 감, 꽃 등의 정물들을 꾸준히 그렸으며, 2003년에는 한국에 들어와 동원화랑에서 9번째 개인전을 열게 된다. 그 때 역시도 배경이 비워져 있었으며 호분, 신나, 휘발유 등을 사용하여 표현한 후 하나씩 지워나가는 방식의 독특한 처리가 흥미로웠다. 사실성을 담보로 한 정물 시리즈는 극사실의 작업들이 유행한 2006년, 2007년 이전이었기에 사람들의 반응이 좋았으며 그가 언제나 추구했던 새로움에 대한 욕구를 어느 정도 충족시킨 전시회였다.

당시 신문 인터뷰에서 정관훈은 대구화단의 기법이 그대로 묻어나는 작품을 통해 뉴욕 화단에 도전하고 있다는 설명을 붙였다. 그런 면에서 보면 그가 뉴욕에서 작업하면서도 한국적인 정서에 대한 고민과 대구화단의 기법에 대하여 고민하였듯이 자기가 가진 타

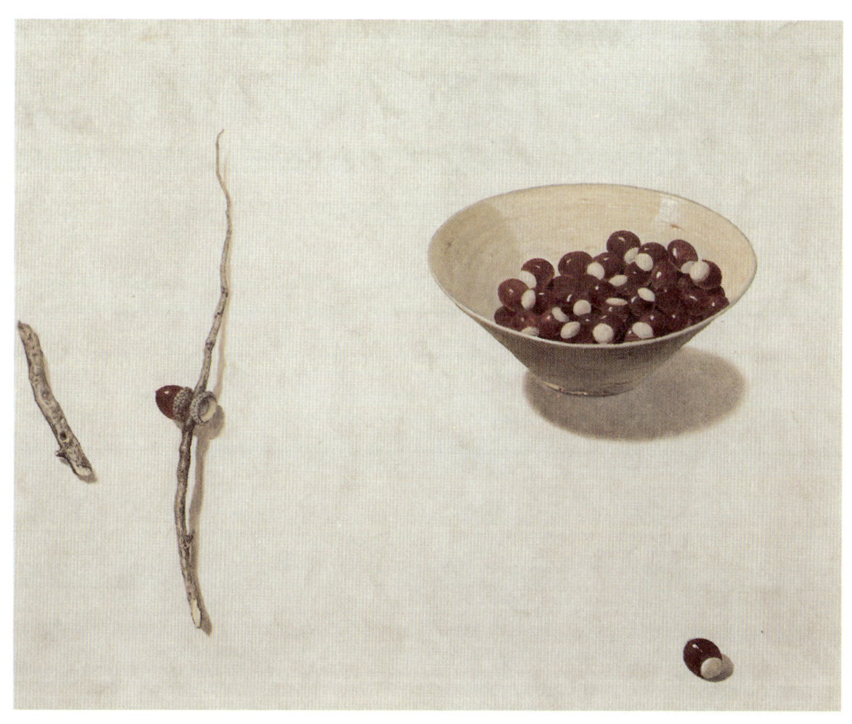

**가을**  50.5×40.5cm  캔버스에 유채  2005

정물이지만 소재가 선이 되고, 점이 되고,
면이 되는 남다른 조형미가 재미있다.

고난 근본에 충실하려는 노력을 계속했음을 알 수 있다.

"예전 작품과 차별성을 두기보다는 여백 처리와 재료 사용 면
에서 변화를 꾀하고 있습니다. 어설프게 현대미술을 하는 것보
다 가장 자신 있는 방법으로 한국 사람의 정서가 묻어나는 작
품을 보여줄 겁니다."

대구는 근대 서양화 도입기부터 활발한 미술활동의 역사를 가
지고 있는, 미술사적으로 중요한 도시이다. 이인성(1912~1950)을
비롯하여 현대에까지 맥을 이어온 대구 구상화단은 근대기에 풍경,
인물 등에 뿌리 깊은 전통을 가지고 있으면서 그 화풍이 대구만의
보수적인 특징을 가지고 내려왔으며, 한편으로는 신형상을 추구하
여 새로운 형식과 매체가 수용된 작품들이 나타나기도 했다. 지금
은 사실주의 화풍이 구상 회화에 꽃을 피우고 있는데 정관훈의 사
실주의는 그의 작업에서 하나의 근간적 형태로 나타나기도 한다.

생전에 12번의 개인전을 하면서 계속적인 작업의 변화를 추구
해왔던 정관훈의 작업은 작업을 향한 그의 열정만큼이나 다양성을
보여주는데 작업 전반에 깔려 있는 사실주의는 그가 가진 사실적 재
능이 그러한 다양한 표현을 거침없이 해 낼 수 있었던 밑천이 되었
음을 말해준다. 정관훈은 어쨌든 변덕스러울 만큼 변화했고 그 변화
들은 자신을 찾고자 한 갈등이 얼마나 절실하였는가를 보여준다.

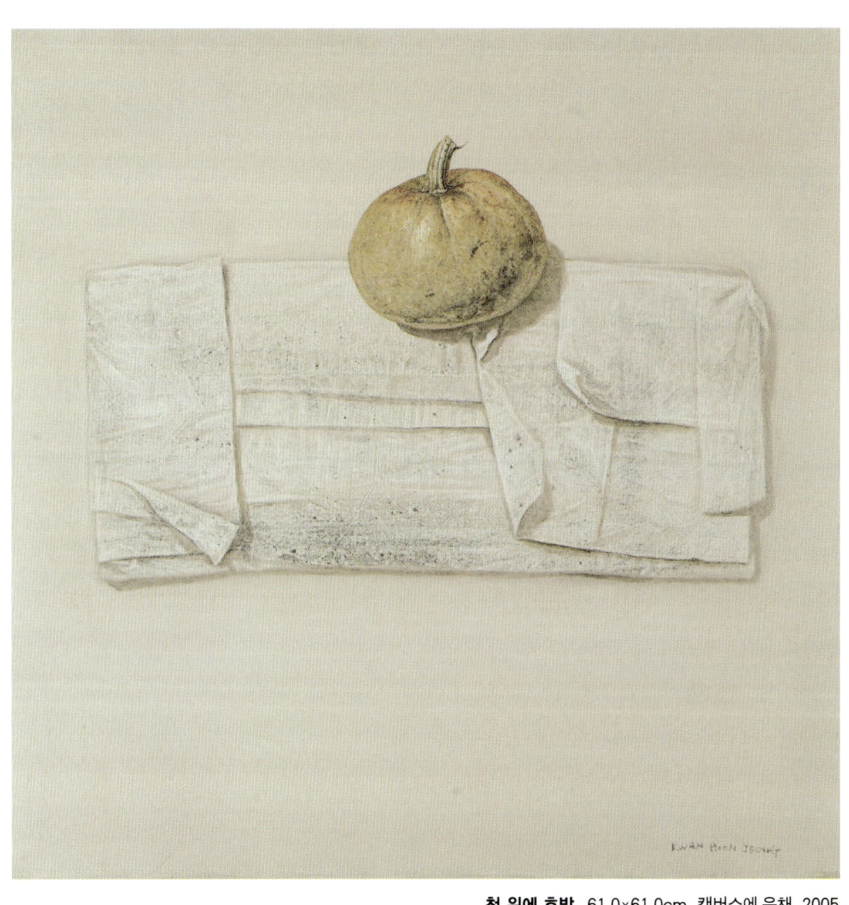

**천 위에 호박**  61.0×61.0cm 캔버스에 유채  2005

접어놓은 천의 형상이 호박과 어우러져
하나의 한국적인 조형으로 느껴진다.

　　2004년 동원화랑에서 다시 열린 개인전에서의 작업들은 항아리가 들어간 정물들이 주류를 이루었다. 2003년 개인전에서의 배경이 재료를 탐닉한 표현주의적인 기법으로 처리되었다면, 2004년 전시회 정물들의 배경은 단아하게 비워져 있거나 흰 천을 두르고 있어 한국적인 여백의 미가 느껴지면서 기품이 일었다. 그러면서도 그가 현대적 표현에 대한 관심이 있었다는 것을 알 수 있다. 이전의 작업들에 나타난 추상적 표현들이 시간이 흐르면서 현대적인 느낌으로 화면 속에 마무리됨을 볼 수 있다.

# 나이 많은 화가

대학 때 나는 정신적인 빈곤과 궁핍함에 빠져 있었고 가슴에서 타오르는 열정이 세상을 향해 무언가를 갈망하게 했다. 나는 내면의 곤궁함에 바람이 불어와 채워지길 원했지만 내 곁에는 스승이 없었다. 생각해보니 내가 간절히 원하던 것은 나를 가르치며 인도해줄 스승이었던 것이다. 그렇게 정체성을 찾아 헤매면서 대학시절을 보냈지만 그것이 후에 나에게는 좋은 거름이 되었다.

졸업을 하고 세월이 흐른 후 학부 때 지도교수님을 찾아뵙고 많은 이야기를 나눴다. 선생님은 사제지간이 아닌 작업을 하고 있는 동지로서 나를 맞아주셨다. 이런 저런 이야기를 하다가 선생님은 그래도 우리 시절 아이들이 나았다는 얘기를 하셨다. 그때는 학생운동을 한답시고 교수를 괴롭히기는 했지만 다들 자기 세계와 고집들이 있었다는 것이다. 요즘은 작업세계도 편리에 의해서 너무 쉽게 바뀌는 것 같아 신념들이 부족하다는 말씀을 하시며 안타까워하셨다.

그 분이 얼마 전 위독하시다 하여 병원을 찾았다. 중환자실에 누워 계신 선생님 모습이 너무나 왜소해져 다른 사람처럼 느껴졌다. "예술은 도가 아니더냐?" 하시던 선생님 말씀이 귓가에 울리는 듯하여 마지막이 될지도 모를 선생님 두 손을 꼭 잡아드렸다. 평생 아이들을 가르치면서도 작업만 하는 전업 작가가 되고 싶었다던 선생님, 그러나 아직 출가 안 시킨 자식이 있다 하시던 선생님이 눈에 어린다.

요즘은 미술 판이 새로운 것을 향해 굶주린 입을 벌리고 있는 괴물같이 느껴진다. 그래서 다양성이 잠재된 새로운 스타들이 생겨나기도 한다. 자본의 논리로, 힘의 논리로 스타가 만들어지기도 하는 이 시스템 덕분에 그림을 오래도록 해야만 얻을 수 있던 명성을 젊어서도 얻을 수 있다는 희망이 젊은 작가들에게 생겨나기도 했다. 사회가 변화함에 따라 그림을 구매하고 감상하는 기호의 폭이 너무나 다양해지고 넓어져 미술의 영역이 확대되었다는 이점도 있다. 그러나 시대의 고뇌처럼 묵묵히 제자리를 지켜온 나이 많은 작가들에게는 미술 판에서 새로운 양식을 쫓아가야 하며 아직 검증되지 않은 작가들이 단지 참신한 작업을 한다는 이유만으로 스타가 되는 현실이 답답하고 힘들게 느껴질 것이다.

예술이 자신의 숙원인 듯 긴 세월 작업에만 열정을 쏟는 스승들이 있다. 그들이 창작한 주옥 같은 작업들도 스타군의 그늘에 가려 제대로 평가되지 못하고 있는 현실이 안타깝다.

나이 많은 화가가 안타깝듯이 정관훈을 생각하면 또 다른 안타까움이 밀려온다. 그는 알았을 것이다. 이 미술 판에서 굶주린 괴물

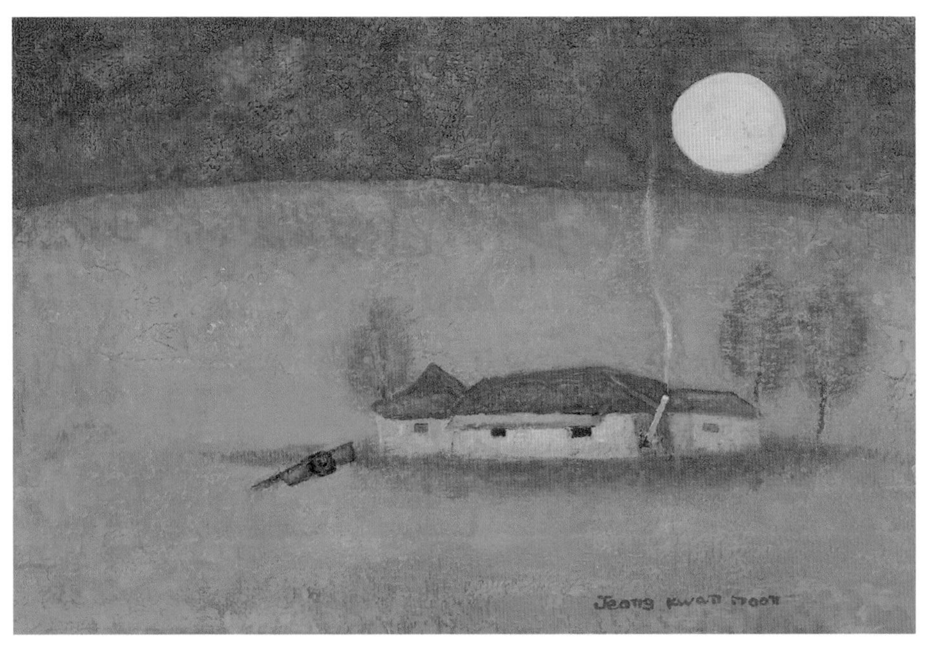

**기억**  40.5×27.0cm  캔버스에 유채  1999

그가 그렸던 달 그림은 멀리서 내려다 본 듯한 시점을 가지고 있었기에
어찌 보면 다가설 수 없는 현실처럼 느껴지기도 했으나,
이 그림만큼은 자신이 찾아갈 수 있는 오래된 고향집을 그린 것 같다.

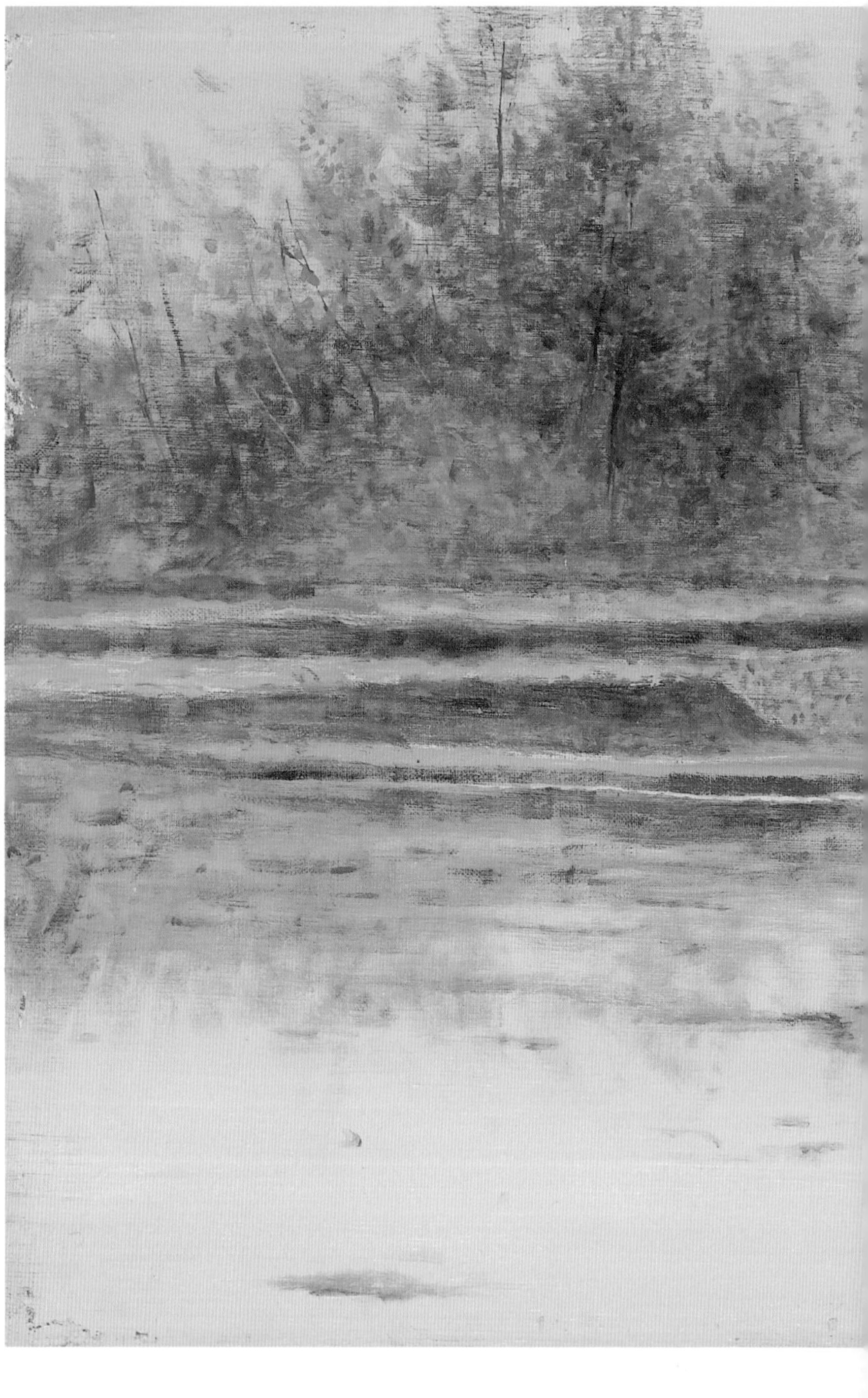

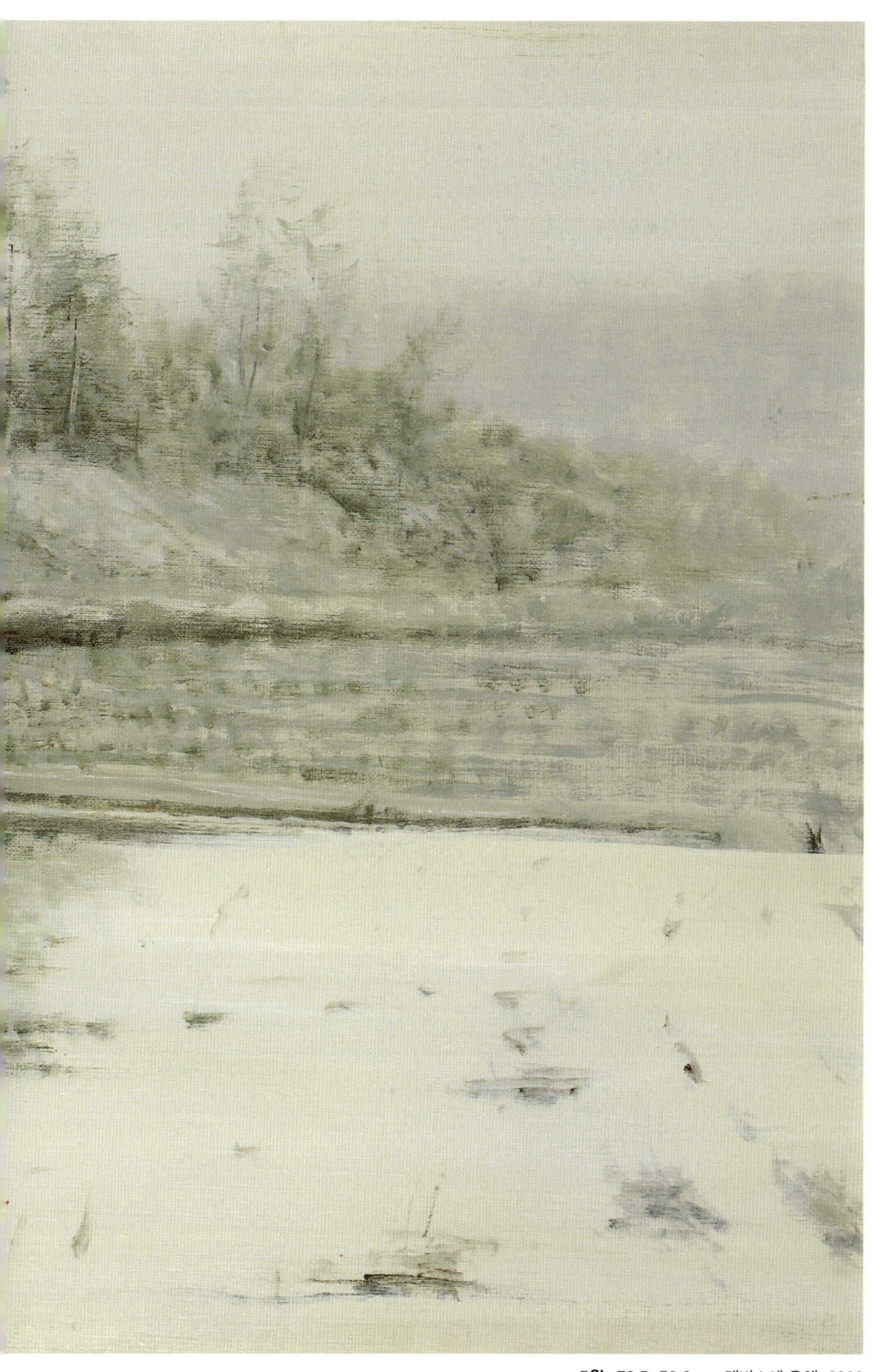

**5월** 72.5×53.0cm 캔버스에 유채 2000

의 입에 먹히지 않으려면 어떻게 해야 한다는 것을. 그래서 온 힘을 다하여 발버둥을 치며 싸웠던 것이다. 살아남기 위해서는 자신이 진정으로 가져가길 원했던 작업마저도 버려야 한다는 것을 알았기에 그는 자신의 수많은 시도들을 스스로에게 묵인하였던 것이다.

예술은 화가 스스로의 창작 의지이지만 화가는 자신의 작품을 인정해주는 이들에게 의지하여 존재가치를 확립해나가기도 한다. 내가 정관훈의 한 점의 작품 앞에 서서 느꼈던 마음으로 그를 찾아 여기까지 온 것처럼, 작가는 누군가가 자신의 가치를 알아줄 때 스스로에 대한 명분이 생기는 것이다. 교과서에 실릴 정도의 좋은 그림이 동양화라는 이유만으로 제대로 가격 형성이 안 되기도 하고, 참신하고 유행에 따라가는 미술 작품이 가치 이상의 평가를 받으며 투기의 대상이 되기도 하는 실정이 다소 혼란스러울 뿐이다.

예술가는 진실하여야 하며 자신에 대한 신념을 지켜가는 것이 진정성을 얻는 길이라 믿어왔다. 나이 들어 제대로 평가받고자 하는 노력들이 인정되는 미술 판에서 그러고자 하는 작가들의 발걸음을 스승 삼아 작업을 하고 싶다. 조금만 더 컬렉터의 안목이나 폭이 넓어진다면 화가는 자신의 신념을 향한 발걸음을 멈추지 않을 것이다.

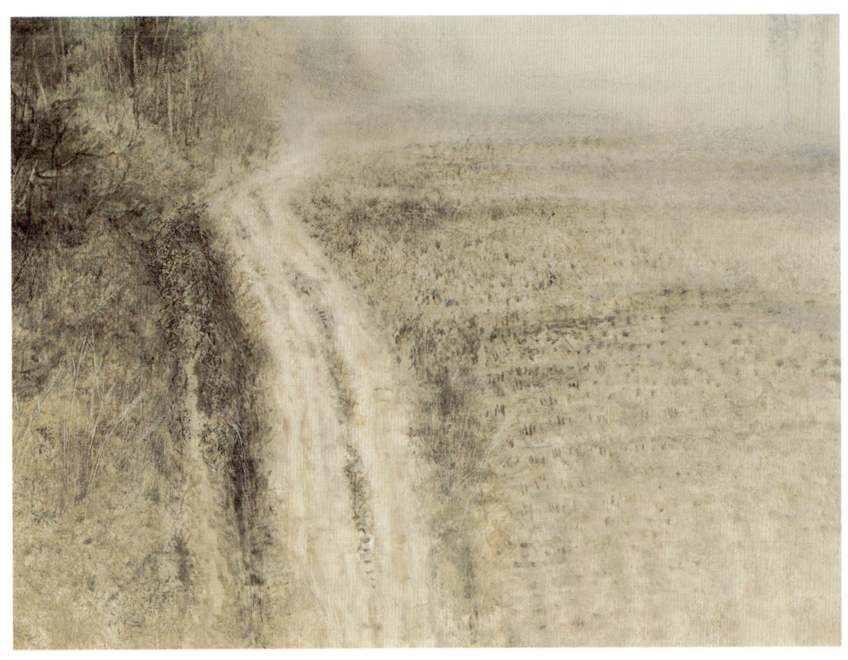

**시골길** 91.5×61.0cm 캔버스에 유채 2000

# 사람은 제대로 떠나기 위해 사는가

그는 2005년 11월 19일 뉴욕의 한 거리에서 교통사고로 세상을 등졌다. 이렇게 바삐 가려고 그렇게나 스스로를 보챘나 보다. 며칠 후 그의 시신은 어렵게 모국 땅을 밟게 된다. 그를 맞으러 대구에서 인천으로 바쁜 걸음으로 달려간 지인들은 그가 차가운 관 속에 아직도 따뜻한 온기를 간직한 채 누워 있는 것만 같았다. "형요! 사나이 뭐 있니껴" 하고 그가 벌떡 일어날 것만 같았다.

장례식장에는 그가 떠난 텅 빈 자리마냥 백색의 대형 현수막이 걸려 있었다. 발길이 끊이지 않는 조문객들은 그를 살리려는 염원마냥 그곳에 그를 보내는 말들을 수도 없이 채워갔다. 그리고는 누구나 할 것 없이 허전한 가슴을 쓸어내리며 그와 오랫동안 기울이지 못한 술잔에 술을 가득 부었다.

사람은 제대로 떠나기 위해 열심히 사는 것인가? 사는 것이 뭐라고, 먼저 보낸 그가 없어 억울하고 허전하고 원망스럽고 막막한 사람들.

미국에서도 그의 시신을 한국에 보내기 위해 그의 삶을 기리며 모금을 하기 위한 추모전이 열렸다. 미국의 교포사회가 움직이고 세계일보가 주최하고 한국문화원이 후원한 전시회가 뉴욕의 화랑에서 열렸다. 스페이스 월드 특별 기획전 '인연.' 전시는 부음을 안타까워하는 기사와 그의 열정이 담긴 예술적 삶을 보도하는 기사와 함께 세계일보 한 면을 크게 채웠다.

그를 잘 알지 못하는 작가들마저 뜻을 함께한 이 전시회는 뉴욕에서 활동하는 한인 작가 70여 명과 한국에서 활동한 지인들의 힘이 보태져 치러졌다. 강익중, 백남준, 김호득, 이목을, 김결수, 박종경 등. 이들은 그가 한국 사람이고 열심히 살았으며 그의 예술적 삶을 존중한다는 이유만으로 그를 떠나보내는 길을 함께 했던 것이다.


……

이국 땅 낯선 아스팔트 위에서도

노란 머리카락 백색 피부 파란 눈동자 속에서

황소 고집에 버럭버럭 소리까지 지른다

새벽에도 화가들과 현관문 걷어차며

간 큰 남자가 불규칙한 언어로 말을 한다

사나이가 뭐 있니껴……

주흘산 촌놈이 들어도 촌스러운 말씨의 그대

사나이가 뭐 있니껴……

쓸쓸한 추억의 빈 지갑 속에서도 호탕하다

—한창현, "사나이 뭐 있니껴"의 일부

풍경 속의 길은 이미 하나의 조형이 되고 있다.

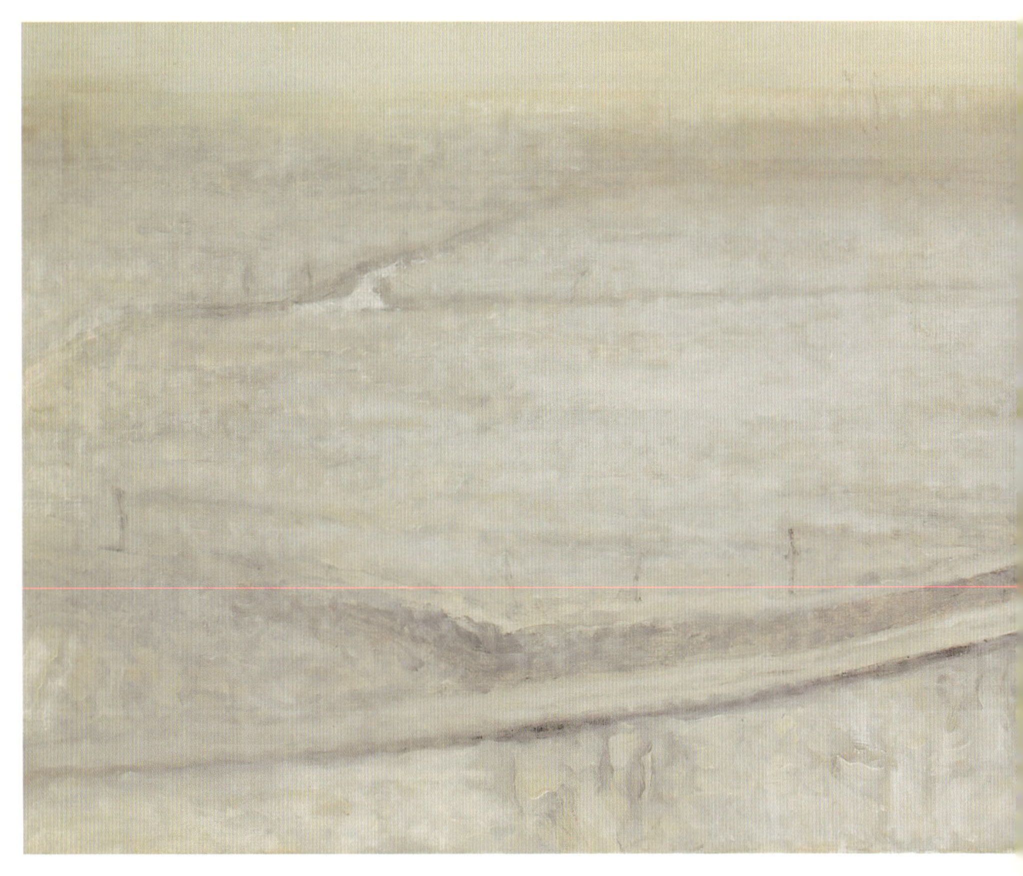

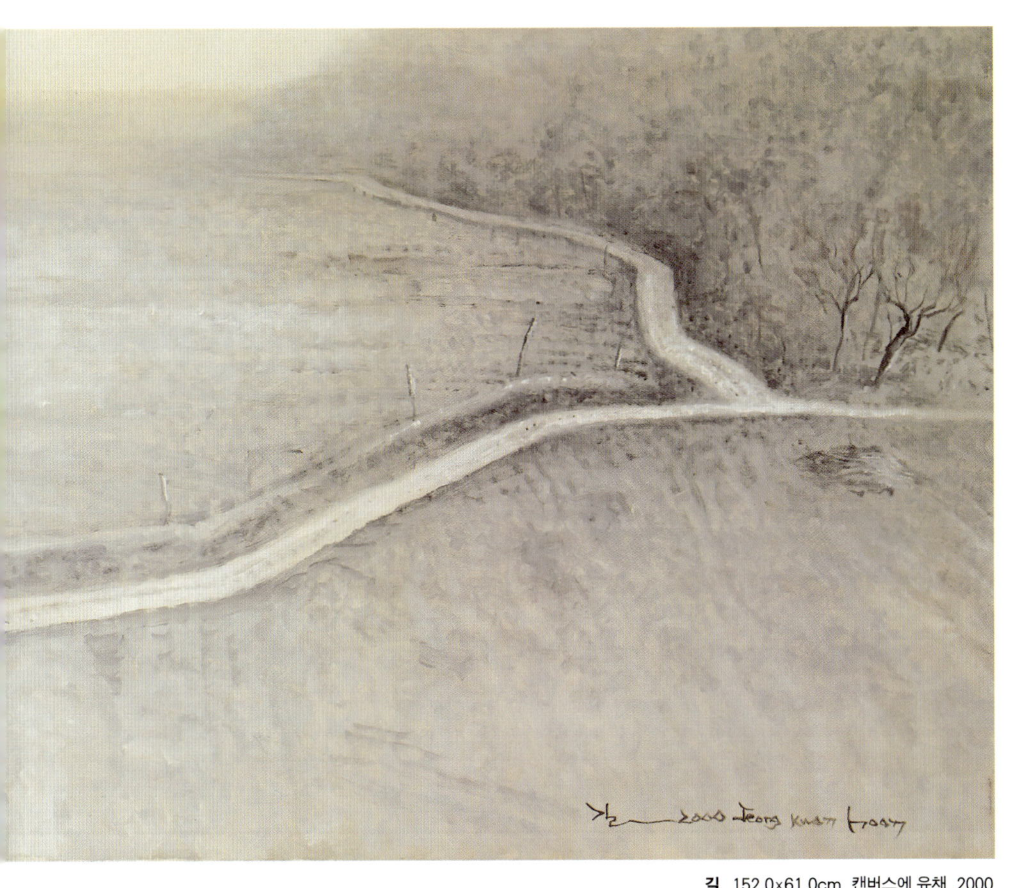

**길** 152.0×61.0cm 캔버스에 유채 2000

　그와 국내에서 활동하던 화가 한창현의 시를 보며 그가 살던 곳은 그만의 별이었으며 그만의 세계였다는 생각을 한다. 생텍쥐베리의 "어린왕자"에서 어린왕자를 만난 여우는 본질적인 것은 눈에 보이지 않으며 또한 다른 존재를 길들여 인연을 맺는 일이 중요하다는 것을 가르친다. 커다란 눈동자를 가진 그의 눈에는 어린왕자가 만난 여우가 숨어 있었을지도 모르겠다. 살아가며 본질적인 것을 찾아 헤매다 이 수많은 인연들을 길들여놓고 간 그는 알고 있을까? 자신이 떠난 별에는 아직도 장미꽃이 피고 있다는 것을.

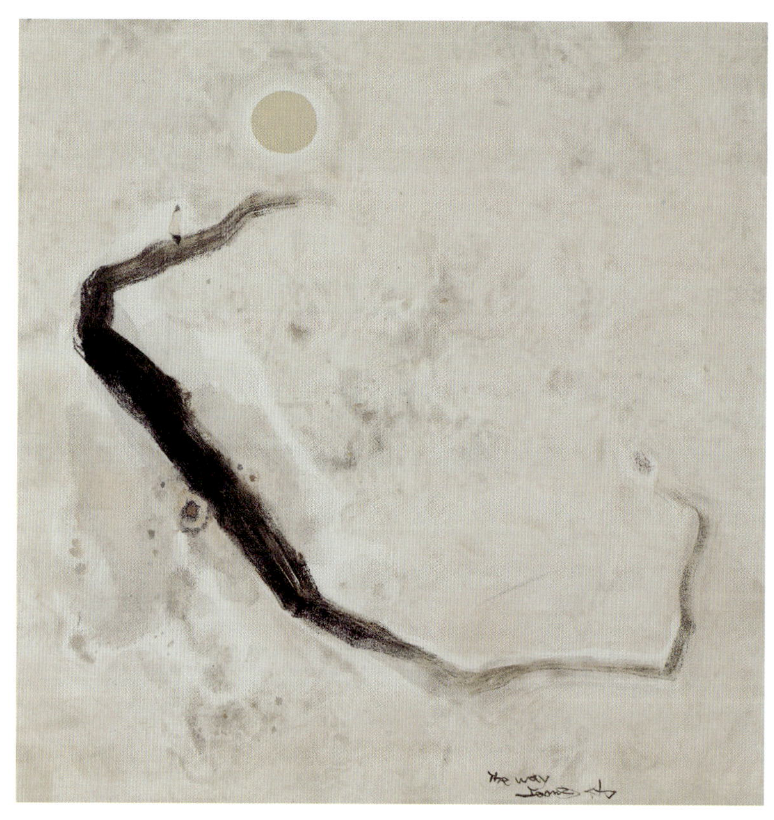

**The Way**  61.0×61.0cm 캔버스에 유채  2002

# 사람을 남기고 가다

　사람이 살아가는 동안에 만나게 되는 사람들은 적지 않을 것이나 특별한 인연으로 만나는 경우는 많지 않다. 정관훈과 가까이 지내던 화가들이 모였다. 애써 어색한 자리를 만들지 않고 좀 더 자연스럽게 가자는 마음에 술과 음식이 곁들여진다. 그러나 분위기가 무르익다 보면 젯밥에 마음이 쏠리는 경우가 많다. 어찌되었든 사람 만나러 돌아다니는 것을 싫어하는 내가 이참에 사람 만나는 것이 업인양 되어버렸다.

　생각해보면 인생이 팍팍하면서도 재미있는 구석이 있다. 그저 독백 같은 작업노트나 긁적이던 내 재주가 인연을 맺어주는 쓸모로 쓰이게 될 줄 알았던가. 그것도 생전에 인연이라고는 없던 정관훈이라는 화가에 대해 하나하나 되짚어가며 그에 대한 짧지 않은 글을 써가고 있는 것이다.

　정관훈과 가까운 지인들은 누구나가 그에 대하여 한결같은 마음을 가지고 있는 듯하다. 누구나 할 것 없이 그를 아쉬워하고 그와의 인연을 특별하게 생각하였다. '도대체 이 인사가 어떠했기에……' 잊혀지지 않는 사람, 가고 나서 그 존재가 더 커져버린 사람, 어쨌든 그는 행복한 사람이었고 그를 잊지 못하는 그들도 행복한 사람들이라는 생각이 든다.

술도 마음도 익어가자 그의 괴팍하리만큼 우직하고 단순한 기질들에 대한 에피소드가 끝도 없이 이어지고 그런 그의 성격에 난처한 일을 겪었던 사람들마저도 그가 특별한 사람임을 잊지 못하는 듯했다. 흥이 오른다.

술 한 잔 한 김에 붓질로 흥을 더 돋워보자는 주인장의 말에 갑자기 어디선가 '지필묵(紙筆墨)'이 대령되었다. 그 긴장과 재미가 이만저만한 것이 아니다. 화가들이라면 한 번쯤 술에 취해 붓질을 해보지 않은 사람이 있겠냐마는 공개적으로 여러 화가들이 모여 서로 주시하고 바라보며 그리는 '취화도(醉畵圖)'가 제대로 된 취화도가 되려나 싶다.

다들 서양화가라 먹과 붓이 익숙지 않지만 나이 많은 선배부터 붓을 친다. 손끝의 긴장이 목젖을 태우는지 술이라도 한 잔 마셔야 안정된 정신으로 그릴 것 같은지 누구나 할 것 없이 술 한 모금을 털어 넣으며 붓을 움직인다. 영화 "취화선"의 장승업이 부럽지 않고, 술과 그림과 함께 어울려 놀았던 조선시대의 선비들이 부럽지 않다. 화가에게는 이만한 유희가 어찌 더 있겠나 싶다.

그림 그리는 이들이지만 긴장이 되는지 마신 술이 땀으로 비오듯 쏟아지고 붓을 놓으니 술이 확 깬다. 보는 재미도 직접 그려가며 평을 듣는 재미도 만만치가 않다. 옆에서 바둑 훈수하듯이 추임새를 넣는다. 그림 훈수하는 양반들은 그리는 이가 술이 덜 취해 붓이 잘 나가면 장단 맞추어 정신 좀 흐트려주고, 그래도 좋은 그림이 나오면 박수 한 번 쳐준다. 서로 웃고 좋아하며 놀다 보니 여기 모인 사람들 모두가 정관훈이 맺어준 인연인가 싶다.

그가 예술사에 남긴 흔적은 얼마나 될까. 예술이 아니면 다른 것은 아무것도 안 된다 하며 단순하리만큼 한길만을 걸었던 그는 자신의 기질과 열정대로 화가의 모습 그것만 지니고 살다 갔고 그 때문에 사람들은 여전히 그를 아쉬워한다.

그를 보내고 남겨진 이들은 이 밤이 흐르도록 화가만이 나눌 수 있는 신명과 정을 나누고 돌아서는데, 아파트의 각진 조형 끝에 높이 머문 보름달이 오늘 따라 휘영청 밝다. 수직으로 뻗은 선 사이로 떠 있는 둥근 조형은 그에 대한 그리움마냥, 아쉬움마냥 남는다. 언제나 그 자리에서 빛을 발하며……

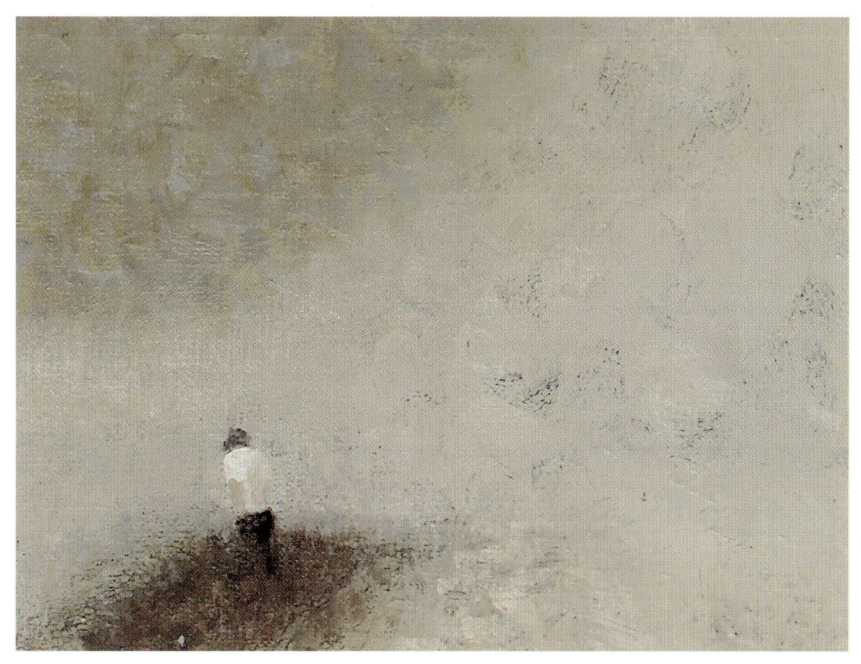

**나그네**  65.0×50.0cm  캔버스에 유채  2000

그림속의 나그네가 향한 곳은 어디이며,
저 달에는 무엇을 담으려 했던 것인가.

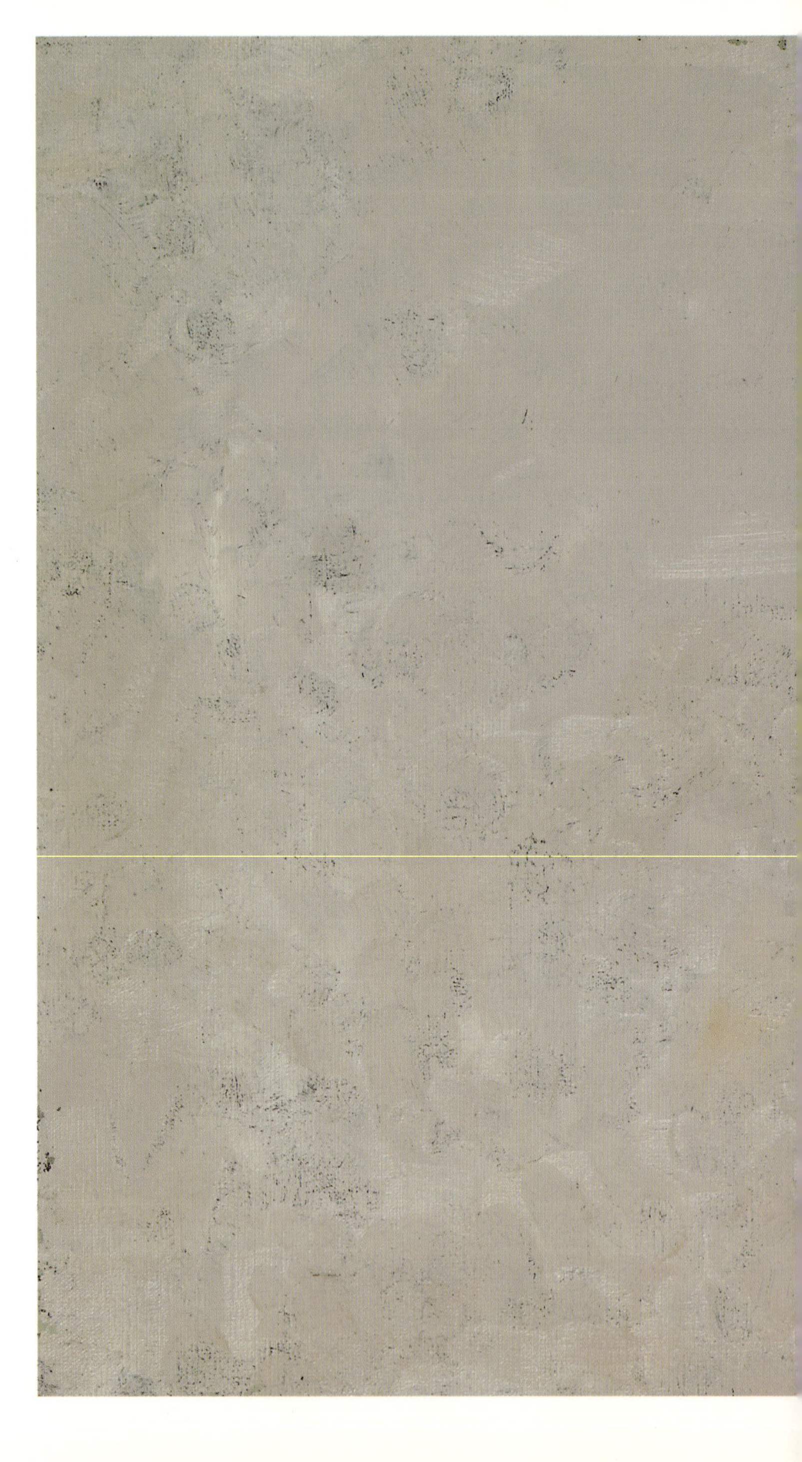

**나그네** 65.0×50.0cm 캔버스에 유채 2000

# 화가 정관훈이 걸어온 길

한국과 미국의 화단에서 15년 이상 서양화 전문작가로 활동한고 정관훈은 1965년 10월 15일 경상북도 예천에서 출생했다. 1973년 9살에 부산에 있는 초등학교에 입학했으나 1학년을 마치지 못하고 경상북도 영주에 있는 영주남부초등학교로 전학하게 된다. 이때 선생님이 미술도구를 사주시면서 꼭 그림을 시키라고 하셨다 한다. 1979년 영주남부초등학교를 졸업하면서 영주중학교에 입학했다. 1982년 영주중학교를 졸업하고 영주고등학교에 입학하게 된다. 1학년 때부터 졸업할 때까지 미술부 활동을 하면서 홍대권 선생님으로부터 작가로서의 기질을 배우면서 영주학생 미술모임인 '영미회' 활동을 하면서 많은 사생을 했다. 이때의 사생들이 후에 자연을 이해하고 해석하는 원천이 되었다. 또한 훈련을 통한 탄탄한 사생력으로 홍익대학교 실기대회에서 특선, 영남

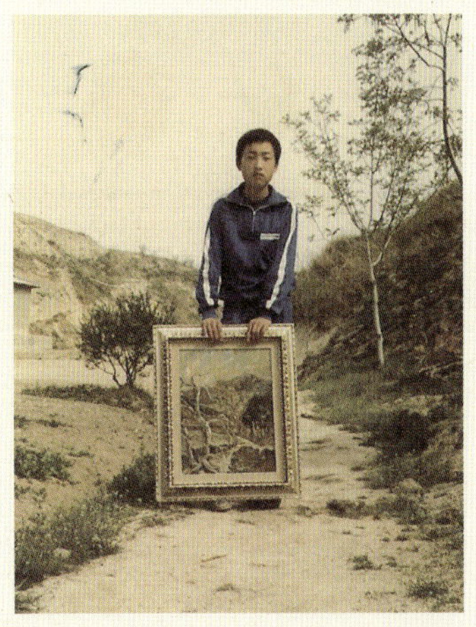

영주고등학교 1학년때 미술부 활동을 하면서 그린 유화작품을 들고 있는 모습.

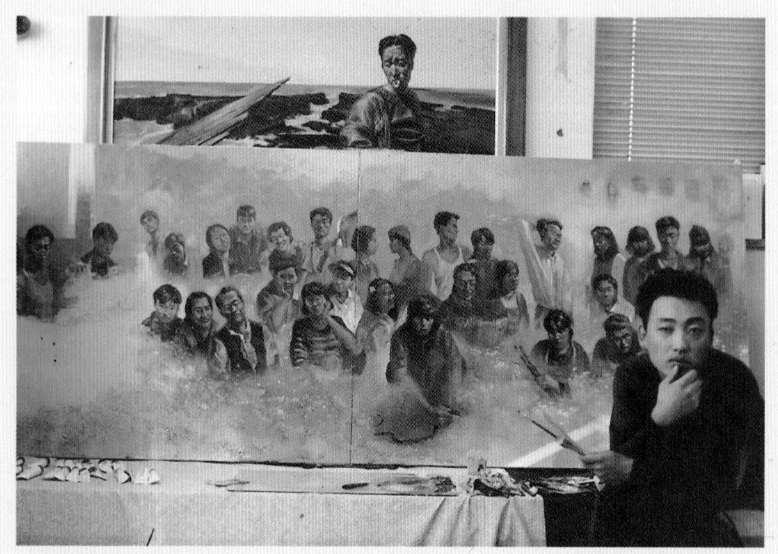

대학 졸업 작품전을 준비하며.

대학교, 계명대학교에서 최우수상을 받기도 했다.

그는 어린시절 부친으로부터 처음 그림을 배웠는데, 미술적 소양이 탁월한 부친으로부터 이어받은 소질로 이미 학창 시절 여러 미술대회에서 수상을 하며 일찌감치 그 가능성을 인정받았다. 또한 부친의 적극적인 뒷받침으로 진로선택에 망설임 없이 중학교 2학년 때부터 홍익대학교 미술대학 진학을 꿈꾸었다. 그러나 넉넉지 못한 가정 형편을 고려하여 미술 실기대회 최우수상을 수상한 특전으로 1985년 영남대학교 미술대학에 진학하면서 전액 장학금 수혜자로 영남대학교 미술대학 서양학과 학사학위, 2000년 계명대학교 예술

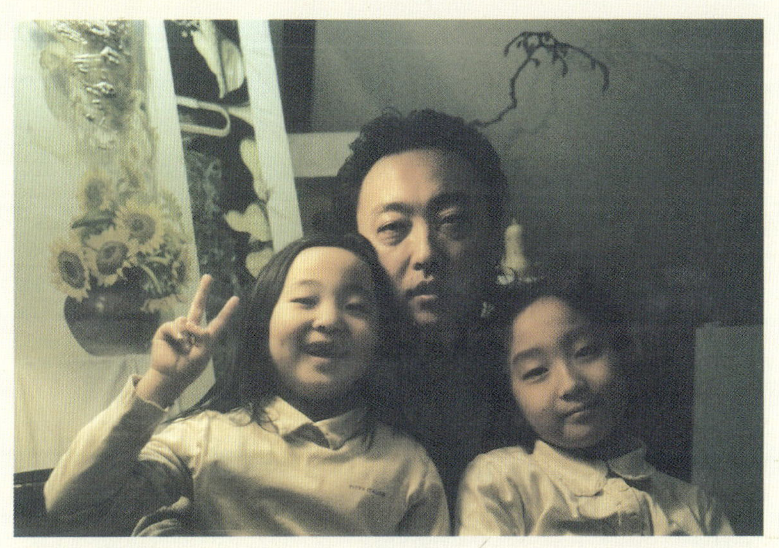

작업실에서 두 딸과 함께.

대학원에서 석사학위를 받았다. 초기에 그는 사람 사는 냄새가 물
씬 풍기는 삶을 소재로 작품을 제작하다가 점차 정물 쪽으로 대상
을 바꾸었다.

그의 그림에서는 실험정신과 대상에 대한 끊임없는 관찰과 탐
구의 작가 정신이 드러난다. 작품에 대한 그의 부단한 노력은 고전
적인 측면에서부터 해학적인 내용에 이르기까지 화폭 위에서 다양
하게 실험되었다. 그리하여 그의 작품들은 유수의 전시회, 출판 등
을 통하여 훌륭한 평가와 인정을 받아왔으며 그는 지난 수년간 12
회의 개인전과 150회 이상의 그룹전에 참가하는 왕성한 활동으로

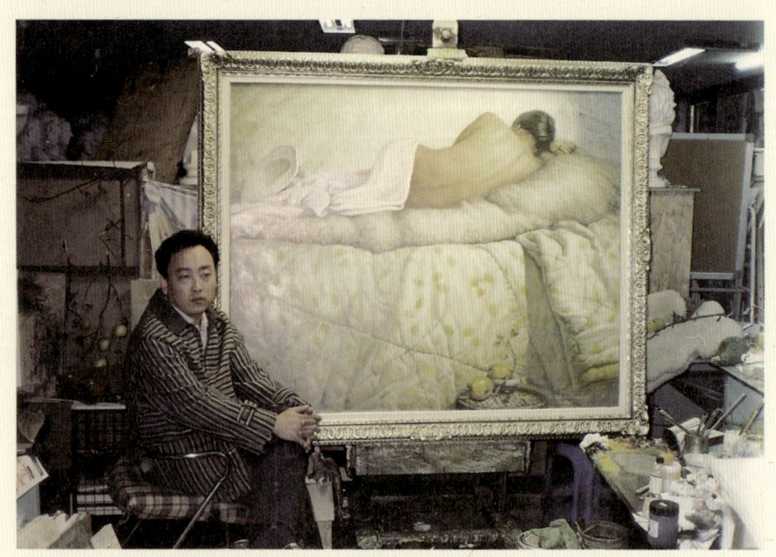

미국에 가기 전 성당동 작업실에서의 모습.

의욕적이며 많은 작품을 낸 작가로 인식되어왔다. 그런 결과 세계 주요국가의 작가들이 모두 모이며 현대 미술의 흐름을 살펴볼 수 있는 국제적 행사인 미국 뉴욕 아트엑스포에 30대 중반의 젊은 나이에 초대되는 영광을 누리기도 했다. 이후 그의 작품은 인물과 정물 위주에서 다소 변화되는 모습을 보이며 한동안 희망과 꿈의 의미를 담고 있는 달을 부각시키는 "달 시리즈"의 작업에 심취하였다. 2001년에 미국으로 건너가 그곳에서 활동하며 2005년 11월 19일 불의의 교통사고로 작고하기까지 "길-The Way"라는 주제로 유수의 작품을 남겼다.

212

　　"작품을 구입한다는 것은 단순히 그림을 사는 것이 아니라 그 작품을 완성하기까지 부단히 생각하고 고민한 작가의 고뇌를 산다는 의미가 포함되어 있다."고 말한 화가 정관훈은 생전에 한국 미술인협회, 대구 구상작가회, 신작회의 회원이었으며, 미국 올드그리니치 아트협회(Art Society of Old Greenwich)의 회원으로도 활동하였다.

1991년   국전, 목우회에서 입상
         대구 청년작가회를 시작으로 많은 그룹전과 표상회 활동
1993년   매일 미술대전에 입상
1994년   '5월 그림 축제' 2인전, 대구/봉성갤러리
         서양화 6인전, 대구/한성갤러리
         신세대, 작은 그림 큰 감동전, 서울/현대아트갤러리
         1회 개인전, 대구/문화예술회관
1996년   매일 미술대전에 또다시 입상
         2회 개인전, 서울/도올갤러리
         화랑미술제, 서울/예술의 전당
1997년   구상작가회전, 대구/문화예술회관
         3회 개인전, 대구/백화점플라자 갤러리
         4회 개인전, 울산/모드니갤러리,
                     대구/B612갤러리
1998년   정관훈·장지원 2인전, 울산/모드니 갤러리
         5회 개인전, 대구/송아당 갤러리
1999년   한 집 한 그림 걸기 그룹전, 대구/동원화랑
         6회 개인전 – 기억과 이탈, 서울/사비나 갤러리
         7회 개인전 – 기억과 이탈, 대구/송아당 갤러리
         봉산 미술제, 대구/동원화랑
         화랑 미술제, 서울/예술의 전당
2000년   뉴욕아트엑스포(New York Art Expo, New York )
         8회 개인전, 대구/문화예술회관
         화랑 미술제, 서울/예술의 전당
         개성파 6중주그룹전, 서울/본화랑
2001년   동세대그룹전, 대구/송아당 갤러리
2002년   미국 코넷티컷 주 미술대전 최우수상 수상(Art society of Old
         Greenwich, Connecticut)
         Korean Contemporary Artists in New York
         The Korean Association of New York

2003년    9회 개인전, 대구/동원화랑
         뉴욕아트페어 특별전, (쟈빗컨벤션센터, New York)
         10회 개인전, 뉴욕/뉴센추리21 갤러리 (New Century 21 Gallery,
         New York)
 2004년   11회 개인전, 대구/동원화랑
         화랑미술제, 서울/예술의전당
         KIAF(한국국제아트페어), 서울/코엑스
2005년    KIAF(한국국제아트페어), 서울/코엑스
         화랑미술제, 서울/예술의전당
         12회 개인전, 뉴욕/Roshkowska Gallery (Windham, New York)
         11월 19일 뉴욕에서 교통사고로 사망
2006년    스페이스 월드 특별 기획전 "인연" 한인작가 70인 참가 그룹전,
         미국/뉴욕
         정관훈 유작전 (Space world, Long Island), 미국/뉴욕
         마이애미 인터내셔널 아트페어 (Miami International Art Fair,
         Florida), 미국/플로리다
         정관훈초대전, France /Athene Gallery(작가의 사후 개인전이었던
         관계로 미망인이 참가)
2009년    대구아트페어특별전-"불꽃처럼 살다간 그들", 대구/엑스코


**기타활동**

1999-2000년    영남일보 정종명 작 "욕망의 늪"소설 삽화 연재
2001년         대구은행달력 제작

## 내겐 아직도 물음표인 동생 훈이

1971년 혹은 72년 정도였던 것 같다. 우리 가족은 부산 연산동에서 살고 있었는데 그 동네는 집들이 방 하나 부엌 하나로 다닥 다닥 붙어 있는 동네였다. 가끔씩 아버지는 우리들과 놀아주셨다. 주로 아버지가 그림을 그리시면 우리는 그 그림이 어떤 그림인지를 맞추는 놀이였다. 동물을 그리면 꼬리부터 그린다든지 물건을 그릴 때는 엉뚱한 곳부터 그려서 우리들의 호기심을 사곤 하셨다. 우리는 아버지 둘레에 앉아 서로 그림을 맞추려고 눈을 동그랗게 뜨고 소리를 지르곤 했다. 그냥 슬쩍 스쳤을 뿐인데도 아버지의 손은 무슨 마술을 부리듯 신기한 모습들을 쏟아내곤 했다.

아버지도 학교 다니실 때 그림을 잘 그린다고 선생님께 자주 칭찬을 들었다고 하셨다. 그런데 그림만 그리며 살 수 있는 형편이 아니어서 화가의 길을 가지는 못했다고 하셨다. 그래서였는지 아버지는 페인트 가게를 하셨다. 페인트칠을 하고 오시는 날은 기분도 좋아 보였다. 온몸에서는 페인트 냄새가 진동했지만 얼굴에는 흐뭇한 미소를 머금고 계셨다.

　그러다가 어느날 우리는 경상북도 영주라는 곳으로 이사를 가게 되었다. 그런데 관훈이의 담임 선생님께서 관훈이에게 크레파스와 도화지를 잔뜩 사주셨다. 평상시에 관훈이가 학교에서 그림 그리는 것을 보고 칭찬을 자주 해주셨다고 한다.

　훈이는 초등학교 때부터 그림만 그리면 상을 받아오곤 했다. 중학교에 올라가서부터는 본격적으로 그림에 몰두하기 시작했다. 고등학교 때부터는 밤에 잠도 안 자고 그림을 그리곤 했다. 훈이는 나와 같이 자취를 했다. 아침에 눈을 떠보면 눈은 붉게 충혈된 채 아직도 그림을 그리는 훈이 옆에 도화지가 온 방 가득 흩어져 있곤 했다. 왜 잠도 안 자고 그림을 그리고 있냐고 하면 그림이 마음에 들지 않는다며 속상해 했다. 며칠씩 화실에서 오지 않을 때도 있었다. 그래서 화실에 가보면 여전히 그림을 그리고 있었다. 밥도 먹지 않고 그림만 그리다 속이 쓰려 토하는 일도 있었다. 지금 생각해도 정말 알 수 없다. 왜 그렇게까지 미쳐서 그림을 그렸는지 말이다.

　그래서 그랬는지 자기 그림에 대한 자부심만은 대단했다. 누가 자기 그림에 대해서 지적하는 것을 그냥 보고 있지 않았다. 비록 부모님이라도……

훈이의 시야에 있는 모든 것들은 그 아이의 작품이 되었다. 길을 가다가 마음에 드는 풍경이 있으면 그 자리에서 그림을 그리곤 했다. 도화지가 없을 때는 나무판자에라도 그렸다.

나는 관훈이를 생각하면 아직도 물음표다.

작은 누나

# 순수와 열정으로 기억되는 젊은 친구

작가로서의 자존심과 그림에 대한 열정이 가득했던 한 젊은이와의 짧았던 추억들을 소중히 생각하며 두서없이 몇줄 적어본다.

나는 그를 95년 "서울 아트페어"에서 처음 보았다. "선생님, 저 대구에서 온 정관훈입니다." 인사하는 표정이 무척 진지하고 순수해 보였다. 동료 그림쟁이가 "저 친구, 운보 선생님과 풍기는 것이 비슷한데 그림 한 번 보고 가지"라고 말했다. 전시장을 둘러보고 계단을 내려가는데 그가 "선생님, 어디서 주무십니까?" 하고 물었다. 나는 웃으며 "자네하고 자지, 내가 어디 가서 자나?" 하고 농담 섞인 대답을 한 뒤 김포공항으로 갔다.

며칠 뒤 그와 가까운 친구가 전하는 말이 그는 그날 숙소를 잡아놓고 나를 찾아다녔다고 했다. 첫 만남에서 내 농담을 진담으로 생각하고 그러한 해프닝을 벌인 그의 순수함이 나에게 신선함으로 다가왔고 앞으로도 같이 갈 수 있는 정말 좋은 친구가 되겠구나 하는 생각을 했다.

그와 함께 서울 "신작전"과 '대구 구상 작가회'에서 함께 활동하며 만나는 시간들이 잦아졌을 때, 어느 날 그가 자신의 모교 대학원에 떨어졌다고 섭섭한 표정으로 말했다. 나는 다른 대학으로 가라고 얘기했고 얼마 후 장학생으로 합격했다며 기뻐했다.

2001년도인가, "선생님 미국에 가서 꿈을 한 번 펴보고 싶습니다"라며 찾아왔다. 나는 그 친구의 능력이나 끼, 열정을 생각할 때 충분히 성공할 수 있다고 믿었다.

첫 번째 귀국해서 미국생활의 어려움을 얘기할 때 나는 별다른 말을 하지 않았다. 세상의 그 어떤 열매도 한낮의 태양과 비바람을 견뎌내지 않고는 결실을 맺기 어렵기 때문이다.

두 번째 귀국했을 때 대구의 동료 화가들로부터 미국에서 전시회를 주선한다는 소식을 들었고, 나는 그의 미국생활이 어느 정도 제 궤도에 올랐다는 생각을 했다. 세 번째 귀국해서는 유엔본부에 초대받았다며 이제 서서히 미국에서 작가로서의 가능성과 희망이 보인다는 눈치였다.

얼마 후 정말 안타까운 소식을 들었을 때 나는 우리의 소중한 한 화가를 잃어버렸다는 생각에 한참 동안 가슴이 먹먹했다.

그는 젊은 예술가들이 꿈꾸는 로망을 과감하게 실천한 그리 흔치 않은 인물이었다.

너의 명복을 빈다.

2010년 11월<br>문상직(화가)

# 사람을 남기고 떠난 사람

뉴욕에서 보내온 편지 마지막 장에 한 방울의 소주가 묻어왔다.

그림을 향한 열정만으로 그 낯선 뉴욕으로 건너갔던 사람.

그 막막함과 허망함을 한 잔의 술로 달래며

한 많은 이야기들을 늘어놓았다.

"지금 술김에 봉하지 않으면

내일은 부치지 못할 것 같아서 보냅니다."

편지의 마지막은 그렇게 끝나 있었다.

나를 만난 것이 당신의 인생에서 행운이었다며

마지막 잔의 소주 한 방울을 편지지에 담아

얼룩으로 태평양을 건너 보냈다.

나는 당신으로 하여금 만나게 된 사람들로 인생의 허황함을 채우고

깊은 인생의 향기로 취해 있다.

김종언, 권대기, 권기철, 도성욱, 김윤종, 박종경, 차규선,

정태경⋯⋯

어쩌면 당신이 그러했듯

자신들을 그렇게 비우고 남을 위한 삶을 살고들 있는지.

나야말로 내 인생에서 당신을 만난 것이 행운이었고

당신이 떠난 뒤 나에게 보내진 사람들과의 만남은

깊은 슬픔과 아픔을 인생으로 녹여준

고마운 보석 같은 인연들이었다.

그 큰 눈동자를 껌벅거리면서 마주앉아 소주잔을 내밀며

"관장님! 인생 뭐 있니껴" 하던

당신 모습 너무도 또렷하게 떠오른다.

이 늦가을 고요한 밤에 당신의 그 진한 향기가

너무도 가슴 아리게 그리워진다.

손동환(동원화랑 대표)

정관훈의 삶과 그림

## 화가가 화가를 찾아 길을 떠나다

1판 1쇄 인쇄  2010년 12월 11일
1판 1쇄 발행  2010년 12월 21일

지은이 김향금
펴낸이 안광욱
펴낸곳 도서출판 비엠케이

편집 상현숙  디자인 아르떼203
작품촬영 해모수 스튜디오  www.haimosu.co.kr
종이 화인페이퍼(주)  제작책임 예원피알

출판등록 2006년 5월 29일(제313-2006-000117호)
주소 121-841 서울시 마포구 서교동 463-31 플러스빌딩 4층
전화 (02) 323-4894  팩스 (02) 332-4031
이메일 arteahn@naver.com

ⓒ 2010 김향금, 정관훈
저작권자의 사전동의 없이 이 책의 전재나 복제를 금합니다.

값은 뒤표지에 있습니다.
ISBN 978-89-965605-0-0  03600

**일원화 공급처 (주)북새통**
주소 121-841 서울시 마포구 서교동 464-59 서강빌딩 6F
전화 (02) 338-0117  팩스 (02) 338-7160
이메일 bookmania@booksetong.com